Einsterns Schwester

3

Themenheft 4

Lesen – mit Texten und weiteren Medien umgehen

Herausgegeben von
Roland Bauer, Jutta Maurach

Erarbeitet von
Wiebke Gerstenmaier, Sonja Grimm

Cornelsen

Inhaltsverzeichnis

So kannst du mit den Heften arbeiten

Du machst alle Seiten der Lernportion 1.

Zuerst im grünen Heft.

Dann im roten Heft.

Dann im gelben Heft.

Und dann im blauen Heft.

Danach machst du in allen Heften die Lernportion 2.

Nun machst du in allen Heften die Lernportion 3.

Genauso bearbeitest du alle anderen Lernportionen.

1 Fehlerfrei lesen üben

1 Übe, die folgenden Namen fehlerfrei zu lesen.

Kapitän Karsten Krabbenfisch
Koch Kasimir Kaspar Karottengrün
Matrose Max Marius Metterborg
Nixe Natalie Nadja Nabelschön
Seeräuber Sansibar Störenfried Säbelstark
Schiffsjunge Sven Severin Smutjenschreck

2 Lies die Wörter und Sätze mehrmals leise für dich.
Lies sie anschließend einem Partnerkind vor.

Piraten
Piratenschatz
Piratenschatzkiste
Piratenschatzkistenversteck

Enten
Quietscheenten
Quietscheentenwettrennen
Badewannenquietscheentenwettrennen

Tim schlägt.
Tim schlägt Lisa.
Tim schlägt Lisa am Nachmittag.
Tim schlägt Lisa am Nachmittag vor zu baden.

Lisa liest.
Lisa liest Tim.
Lisa liest Tim im Schwimmbad.
Lisa liest Tim im Schwimmbad vor.

3

1 Genau lesen üben

1 Tippe mit dem Finger auf das Stolperwort in jeder Reihe.

blinken blinken blinken blinken hinken blinken blinken blinken blinken blinken
blinken Blinker blinken blinken blinken blinken blinken blinken blinken blinken
blinken blinken blinken blinken blinken blinken blinken blicken blinken blinken
blinken blinken blinken winken blinken blinken blinken blinken blinken blinken

2 Suche dir ein Partnerkind.
Lest euch abwechselnd Zeile für Zeile vor.

lange Stange Kasten bange Rand Kante fast Bast Art Zange wandern Garten

Lenker Ring links bringen wild winken Henkel hinter singen trinken wickeln

küssen blind wissen Schüssel Bus nur Gruß Liste trüb Füße müssen grün um

Arbeit albern Angst Ansage Aster Amt arm Ärmel am Amsel angeln alt Anker

hexen wetzen Wecker lecken Bretter Hetze kleckern Kekse petzen jetzt fett Werk

heißen heizen niesen Reiz Riese beißen Weizen Geier wiehern kreischen kriechen

3 In diesem Gedicht sind manche Silbenkerne vertauscht.
Übe, das Gedicht mit den vertauschten Silbenkernen fehlerfrei zu lesen.
Lies zuerst leise, dann laut.

O unberachenbere Schreibmischane

O unberachenbere Schreibmischane,
was bist du für ein winderluches Tier?
Du tauschst die Bachstuben günz nach Vergnagen
und schröbst so scheinen Unsinn aufs Papier!
Du tappst die falschen Tisten, luber Bieb!
O sige mar, was kann da ich dafür?

Josef Guggenmos

4 Lest das Gedicht anderen Kindern
mit den richtigen Silbenkernen vor.

→ AH Seite 11

1 Schnell lesen üben

1 Tippe mit dem Finger auf die Buchstaben in der Reihenfolge des Alphabets. Übe mehrmals.

2 Lest euch die Wörter halblaut so schnell wie möglich von oben nach unten vor. Beginnt von vorne, wenn ihr einen Fehler macht. Zählt eure Versuche.

ob
ab
als
aus
jetzt
trotz
raus
darum
warum
weshalb
Albtraum
Trampeltier
Lattenzaun
Warteraum
Bergsteiger
Ringelnatter
Gartenzwerg
Rampenlicht
Badeschaum
Kinderzimmer
Bushaltestelle

Segelboot
Werkbank
Zündkerze
Pferdestall
Winterreifen
Luftmatratze
Grundschule
Klohäuschen
Lenkdrachen
Führerschein
Englischlehrer
Taschenrechner
Traktoranhänger
Getränkeautomat
Diesellokomotive
Personalausweis
Fahrradreparatur
Windschutzscheibe
Verbrennungsmotor
Freizeitbeschäftigung
Gebrauchsanweisung

1 Flüssig lesen üben

1 Setze beim Lesen immer das Wort ein, das neben der Zeile steht.
Versuche, dabei flüssig zu lesen. Übe mehrmals.

Kein Zweifel. Das ▢ war ihm zugelaufen. Und es hatte Hunger.	Pferd
Herman ▢ mit angewinkelten Beinen im Lesesessel	saß
seines Vaters. Sein Gehirn arbeitete ▢ Hochtouren.	auf
Was konnte er dem Pferd ▢? Frühstückte ein Pferd über-	anbieten
haupt? Und was ▢ ihm? HAFER! Die Frühstücksflocken,	schmeckte
fand ▢, waren mit das Schlimmste in seiner Familie.	Herman
Es gab immer nur die eine Sorte und es gab sie in ▢ Mengen.	rauen
Sie schmeckten staubig, ▢, spelzig, mampfig, dumpf und	mehlig
▢ nicht süß. Das würde dem Pferd gefallen.	überhaupt

Hilke Rosenboom

2 Suche dir ein Partnerkind.
Übt, den Text gemeinsam im gleichen Tempo zu lesen.

🥚erbr🥚

🥚nes Morgens machten sich die b🥚den Osterhasen H🥚ner und H🥚nz auf, um b🥚 den Hühnern von Bauer M🥚er dr🥚unddr🥚ßig bestellte 🥚er für die Osterf🥚er abzuholen. Auf dem H🥚mweg aber stolperten die zw🥚 über 🥚nen St🥚n. „Das ist doch 🥚nerl🥚“, m🥚nte H🥚ner, „dann gibt es dieses Jahr 🥚nfach Rühr🥚.“

3 Entschlüssele die Rätselwörter.
Lies den Text dann flüssig.

Paul Maar

1 Sätze Bildern zuordnen

1 Ordne jedem Satz das passende Bild zu.
Die Buchstaben ergeben ein Lösungswort.

Heft 4, S. 9 ①
1 – M, 2 – ...
...

Satz	Nr.
Ein dicker rot-weißer Leuchtturm steht auf einer kleinen Sandinsel.	1
Ein dicker rot-gelber Leuchtturm steht auf einer großen Sandinsel.	2
Ein dicker rot-gelber Leuchtturm steht auf einer kleinen Felseninsel.	3
Ein dünner rot-gelber Leuchtturm steht auf einer großen Sandinsel.	4
Ein dünner rot-weißer Leuchtturm steht auf einer kleinen Felseninsel.	5
Ein dicker rot-weißer Leuchtturm steht auf einer großen Felseninsel.	6
Ein dünner rot-weißer Leuchtturm steht auf einer großen Sandinsel.	7
Ein dicker rot-gelber Leuchtturm steht auf einer großen Felseninsel.	8

→ AH Seite 12, 13

1 Stolperwörter in Absätzen finden

1 Finde in jedem Textabschnitt zwei Stolperwörter.
In die richtige Reihenfolge gebracht,
ergeben sie einen Lösungssatz.

Heft 4, S. 10 ①
Zeile 2: runde
Zeile 3: …
…

Auf der Wiese

Auf der Wiese leben viele kleine Tiere. Besonders runde im Frühling und im Sommer summt und brummt, kriecht und krabbelt, fliegt und flattert webt es überall.

Scheint die Sonne, schwirren die Bienen Netze durch die Luft und saugen Nektar. An ihren Beinchen bleibt der Blütenstaub hängen. Dann klebrigen fliegen sie zur nächsten Blume und tragen den Blütenstaub weiter.

Wenn es nicht zu sonnig ist, wagt sich die Weinbergschnecke aus ihrem Spinne Haus. Sie streckt ihre Fühler aus und kriecht auf der Suche nach Blättern aus durch das Gras. Ihre Eier legt sie in eine Erdhöhle. Daraus schlüpfen viele Schneckenkinder mit winzigem Häuschen.

Rote Flügeldecken, sechs krumme Fäden Beinchen und sieben schwarze Punkte – das ist der Marienkäfer, wie wir ihn kennen. Es gibt ihn aber auch in anderen die Farben, mit vielen oder ganz wenigen Pünktchen.

2

1 Über das eigene Lernen nachdenken

Stelle deine erste Lernraupe fertig.
Suche dir jemanden aus,
mit dem du deine erste Lernraupe
besprechen willst.

Ende:

… fehlerfrei lesen.

… genau lesen.

… schnell lesen.

… flüssig lesen.

… Sätze Bildern zuordnen.

… Stolperwörter in Absätzen finden.

Was hat dir beim Lernen in Lernportion 1 gefallen?

Besonders gut fand ich, …

Ich würde es besser finden, wenn …

2 Unterschiedliche Texte benennen

1 Sieh dir die verschiedenen Texte an.
Ordne jedem Begriff den passenden Text zu.
Schreibe die Lösungsbuchstaben auf.
Von hinten gelesen ergibt sich ein Lösungswort.

Heft 4, S. 12 ①
1 – T
2 – …

1 Eintrittskarte	2 Werbeprospekt
3 Kassenzettel	4 Einladung
5 Fahrkarte	6 Zeitungsanzeige
7 Kochrezept	8 Terminzettel

T

Schwimmbad Neustadt
TAGESKARTE
KIND
3,50 EUR

E

PIZZA
schneller Pizzateig
(für ein großes Blech):

500 g Mehl
1 Päckchen Trockenhefe
2 Teelöffel Salz
250 ml lauwarmes Wasser
4 Esslöffel Olivenöl

E

Bergbahn Krähennest
Erwachsene
10,50 EUR
gültig bis 01.10.2016

E

Buchhandlung Küsteler
Valentinstr. 9, 79900 Enderberg
Steuernummer 23129/44531
Tel.: 07871/799209
www.bücher-küsteler.de

Jim Knopf und Lukas der Lokomotivführer ISBN 978-3-522-17650-7	14,99 EUR
Die kleine Hexe ISBN 978-3-522-10580-4	11,99 EUR
Ferien im Möwenweg ISBN 978-3-7891-2025-1	14,99 EUR
SUMME:	41,97 EUR
BAR:	50,00 EUR
ZURÜCK:	8,03 EUR

L

Dr. med. Birgit Baier
Zahnärztin
Ihre nächsten Termine

Tag	Datum	Uhrzeit
Di	24.05.	16.00 Uhr

I

Ferien im Odenwald

Erholung und Spaß in traumhafter Landschaft

S

Junge Familie mit einem Kind sucht 3-Zimmer-Wohnung mit Stellplatz und Balkon.
✉ unter Z 137856 an den Verlag

Z

Liebe Eltern der Klasse 3 a,
wir möchten euch herzlich zu unserem **Klassenfest** am Freitag, dem 13.5., um 16 Uhr in unser Klassenzimmer einladen.
Für Getränke ist gesorgt, über Beiträge für unser Kuchen-Buffet freuen wir uns.
Bitte meldet euch bis zum 5. 5. an.
Eure Klasse 3 a

→ AH Seite 20, 21

2 Eine Anleitung lesen und ausführen

1 Ordne den Textabschnitten die richtigen Bildern zu.

Heft 4, S. 13 ①
1 – B, ...

1 Falte ein unbedrucktes Blatt Papier so, dass die untere Kante genau auf der Seitenkante liegt.

2 Schneide dann den Papierstreifen oberhalb des entstandenen Dreiecks ab. Lege das Dreieck mit der offenen Spitze nach oben. Falte die offene Spitze nach unten bis zur Kante des Dreiecks und wieder nach oben. So erhältst du eine Markierung.

3 Falte jetzt die linke Spitze zur rechten Kante der Markierung. Falte danach die rechte Spitze zur linken Kante der Markierung.

4 Falte die beiden oberen Spitzen nach unten, eine davon nach vorne, die andere anschließend nach hinten. Fertig ist der Becher. Nun kannst du Wasser hineinfüllen und daraus trinken.

A

B
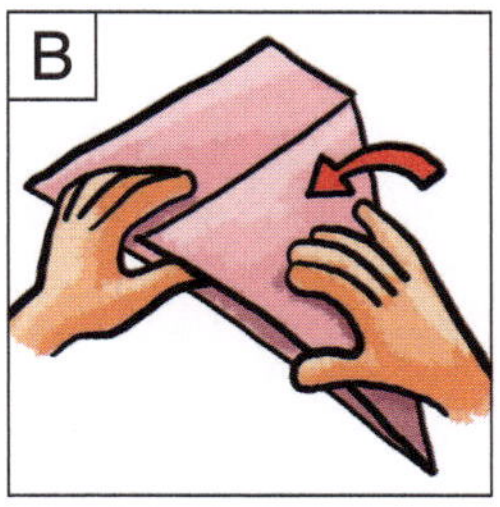

C

D
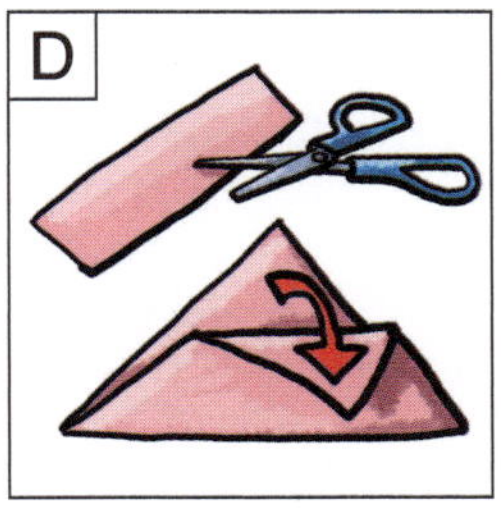

2 Bastle den Trinkbecher nach der Anleitung. Erprobe ihn.

3
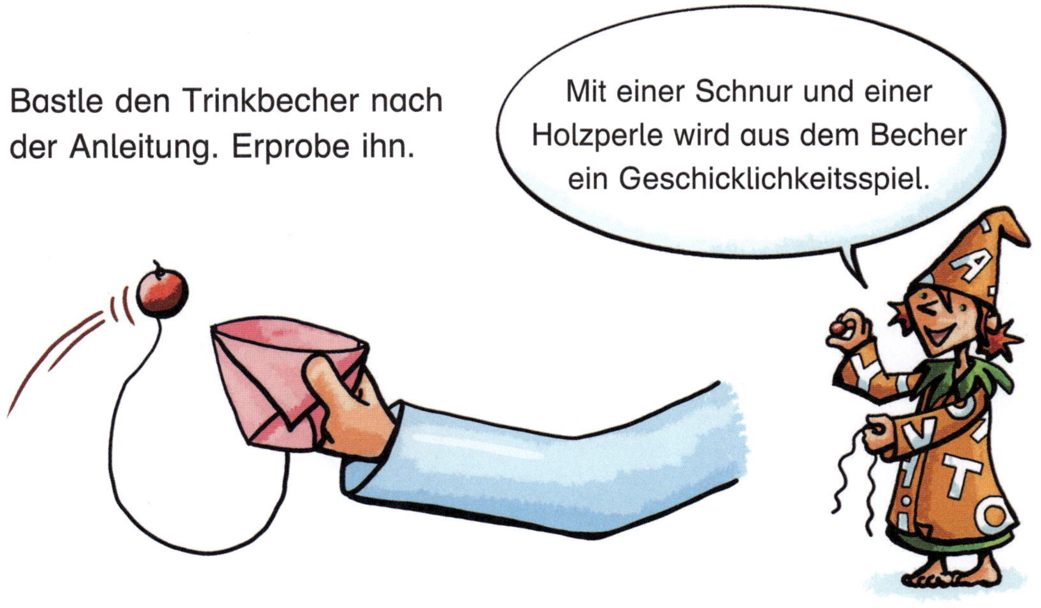

2 Einem Interview Informationen entnehmen

1 Lies das Interview und beantworte die Fragen.

Heft 4, S. 14 ①
a) Stephan Paspalaris ist ...
b) Als Chef ...
...

So ein Mist!

Spannende Berufe: Stephan Paspalaris ist Tierpfleger

Von Stefanie Köhler

Dieser Mann muss sich ziemlich viel Mist ansehen – denn Stephan Paspalaris ist der Chef vom Schaubauernhof der Wilhelma. Mit sechs Kollegen kümmert er sich um 110 Tiere wie Esel, Trampeltiere, Ziegen und Schafe. Viel Zeit zum Streicheln bleibt ihm nicht. Er benötigt viele Stunden, um die Ställe und Gehege zu reinigen und die Tiere zu füttern.

Herr Paspalaris, welche Aufgaben haben Sie als Tierpfleger?
Ich kümmere mich darum, dass neue Tiere auf den Bauernhof kommen, und verkaufe andere. Außerdem muss ich die Ställe und Außengehege putzen, die Tiere reinigen, Hufe auskratzen, sie striegeln und füttern.

Die Putzarbeit klingt echt anstrengend.
Das ist sie auch. Ein Tierpfleger muss kräftig zupacken können und bei Wind und Wetter draußen arbeiten. Wir beginnen um 7 Uhr die Ställe auszumisten, die Tiere zu putzen und zu füttern. Das dauert drei Stunden.

Reicht es, die Ställe zu reinigen?
Den Kuhstall putzen wir mehrmals. Ein Mitarbeiter kümmert sich nur um die Kühe, weil sie so viel Arbeit machen. Auch die Ställe der Trampeltiere reinigen wir zweimal am Tag.

Wie oft bekommen die Tiere Futter?
Die meisten Tiere füttern wir nur morgens. Der Trog der Kühe ist dagegen immer gefüllt. Die Ponys und Esel bekommen abends nochmals was. Auch die Hirsche und Trampeltiere kriegen ein Betthupferl wie einen Apfel.

Bleibt Ihnen Zeit, die Tiere zu streicheln?
Wenig. Aber das ist nicht schlimm, weil die Besucher viele Tiere im Streichelzoo knuddeln. Wenn ich eine Kuh kraule, streckt sie den Hals in die Höhe. Die anderen Kühe, die das sehen, laufen dann aus dem Stall und sind ganz ungeduldig, bis sie endlich dran sind. Ein gutes Verhältnis zu den Tieren ist wichtig. Damit sie sich zum Beispiel beim Impfen nicht wehren.

Haben Sie bei Ihrer Arbeit auch mit gefährlichen Tieren zu tun?
Von den Wisenten, Hirschen, Wildschweinen oder Wildpferden halten wir uns fern, weil sie Wildtiere sind. Die Männchen sehen uns als Konkurrenz und könnten uns angreifen. Außerdem sind die Wildpferde ziemlich schreckhaft.

Welche Tiere sind am frechsten?
Die Kühe stellen sich gerne auf den Wasserschlauch, wenn wir den Stall ausspritzen. Sie wissen, dass wir uns ärgern, wenn kein Wasser mehr fließt. Ich verstehe die Kühe aber. Sie tun den ganzen Tag nichts und langweilen sich.

Wie wird man eigentlich Tierpfleger?
Man macht eine Ausbildung, die drei Jahre dauert. Gut ist, wenn man schon einmal mit Tieren gearbeitet hat und einen guten Schulabschluss hat. In der Wilhelma lernt man dann alle 18 Bereiche kennen. In jedem verbringt man vier bis fünf Wochen.

STECKBRIEF
Name: Stephan Paspalaris
Geburtsjahr: 1974
Wohnort: bei Winnenden
Lieblingsessen: Lasagne
Ich fürchte mich vor: Spinnen
Ich würde gerne mal: dem Überlebenskünstler und Aktivisten für Menschenrechte, Rüdiger Nehberg, die Hand schütteln

a) Welchen Beruf hat Stephan Paspalaris?

b) Welche besondere Aufgabe hat er als Chef des Schaubauernhofs neben der Pflege der Tiere?

c) Wie oft müssen die Ställe der Trampeltiere gereinigt werden?

d) Wann bekommen die Kühe Futter?

e) Mit welchen gefährlichen Tieren hat er es bei seiner Arbeit zu tun?

f) Wie ärgern die Kühe gerne ihren Pfleger?

In einem Interview werden berühmte Leute, Experten oder andere interessante Personen befragt.

→ AH Seite 22

2 Ein Märchen zusammenstellen

1 Stelle dir ein eigenes Märchen zusammen.
Lest euch eure Märchen gegenseitig vor.

Es war einmal
- ein altes, braves Mütterlein.
- ein wunderschönes Müllerstöchterlein.
- ein fröhliches Hirtenknäblein.

Obwohl es sehr arm war, lebte es zufrieden
- mit seinen zwölf Ziegen in einem warmen Stall.
- mit seinen drei Brüdern in einer kleinen Hütte nahe einem Schloss.
- mit seinen Hühnern und Gänsen in einem alten Häuschen am Waldrand.

Alle mochten es gern leiden, denn
- es war fromm und gut.
- es war hilfsbereit und fröhlich.
- es wusste immer einen guten Rat.

Eines schönen Tages, als es Brennholz sammelte, begegnete es einem
- buckligen Männlein mit weißem Bart.
- weißen Täubchen.
- alten Weiblein.

Das reichte ihm
- einen rostigen Schlüssel
- eine goldene Münze
- eine graue Feder

und sprach:
- „Nimm dies und lege es in dieser Nacht unter deine Schlafstätte."
- „Nimm dies und vergrabe es hinter deiner Hütte."
- „Nimm dies und schenke es dem Nächsten, den du auf deinem Wege triffst."

Es tat wie ihm geheißen. Und als es am nächsten Morgen erwachte, erschien ihm ein wunderschöner Königssohn und sprach:
- „Du hast mich erlöst. Nun hast du drei Wünsche frei."
- „Du hast mich errettet. Ab heute sollst du in meinem Schlosse wohnen."
- „Du hast mich nach 100 Jahren erlöst. Ich will dir mit Gold und Silber danken."

Und wenn sie nicht gestorben sind,
- so leben sie noch heute.
- so lebten sie glücklich und zufrieden bis an ihr Lebensende.

2 Verschiedene Märchendarstellungen kennenlernen

1 Schreibe die Begriffe auf kleine Zettel. Lege sie zur passenden Abbildung.

Lied | Bilderbuch | Comic | Märchenspiel | Scherenschnitt

2 Findet die Namen der Märchen, die auf den Bildern zu sehen sind.

3 Erzählt die Märchen.

2 Merkmale von Märchen kennenlernen

1 Lies den Lexikonartikel.

Märchen werden von allen Völkern der Welt erzählt.
Es sind fantasievolle Geschichten, in denen Tiere oder Dinge sprechen können und in denen **fantastische Wesen** wie Hexen, Zwerge oder Riesen vorkommen.
Märchenfiguren haben häufig **gegensätzliche Eigenschaften.**
Sie befinden sich oft in schwierigen Situationen, müssen Aufgaben lösen und Gefahren überwinden, bis am Ende dann das Gute siegt.
In vielen Märchen **spielen die Zahlen 3, 7 und 12 eine besondere Rolle.**
Außerdem kommen in Märchen häufig **Sprüche, Verse oder Zauberformeln** vor.
Viele Märchen haben einen **besonderen Anfangs- und Schlusssatz.**
Märchen wurden ursprünglich nur mündlich überliefert, das heißt, nur durch Erzählen weitergegeben.
Die ▶ **Brüder Grimm** haben in Deutschland als Erste Märchen gesammelt und aufgeschrieben.

2 Übertrage die Tabelle zu den Märchenmerkmalen in dein Heft. Ergänze in jeder Spalte mindestens noch zwei weitere Beispiele.

Heft 4, S. 17 ②
...

Märchenmerkmale

Figuren	besondere Zahlen	Sprüche	besondere Orte	magische Dinge
- Hexe - Königin - sprechende Tiere - ...	- 3 Wünsche - ...	- Spieglein, Spieglein an der Wand, wer ist die Schönste im ganzen Land? - ...	- Wald - ...	- sprechender Spiegel - ...

2 Ein Märchen lesen und verstehen

1 Lies das Märchen.

Das Hirtenbüblein

Es war einmal ein Hirtenbüblein, das war wegen seiner weisen Antworten, die es auf alle Fragen gab, weit und breit berühmt. Der König des Landes hörte auch davon, glaubte es nicht und ließ das Bübchen kommen. Da sprach er zu ihm:
„Kannst du mir auf drei Fragen, die ich dir vorlegen will, Antwort geben, so will ich dich ansehen wie mein eigen Kind, und du sollst bei mir in meinem königlichen Schloss wohnen.“ Sprach das Büblein: „Wie lauten die drei Fragen?“
Der König sagte: „Die erste lautet: Wie viele Tropfen Wasser sind in dem Weltmeer?“
Das Hirtenbüblein antwortete: „Herr König, lasst alle Flüsse auf der Erde verstopfen, damit kein Tröpflein mehr daraus ins Meer läuft, das ich nicht erst gezählt habe, so will ich Euch sagen, wie viele Tropfen im Meere sind.“
Sprach der König: „Die andere Frage lautet: Wie viele Sterne stehen am Himmel?“
Das Hirtenbüblein sagte: „Gebt mir einen großen Bogen weiß Papier“, und dann machte es mit der Feder so viele feine Punkte darauf, dass sie kaum zu sehen und fast gar nicht zu zählen waren und einem die Augen vergingen, wenn man darauf blickte. Darauf sprach es:
„So viele Sterne stehen am Himmel als hier Punkte auf dem Papier, zählt sie nur.“
Aber niemand war dazu imstand.
Sprach der König: „Die dritte Frage lautet: Wie viele Sekunden hat die Ewigkeit?“
Da sagte das Hirtenbüblein: „In Hinterpommern liegt der Demantberg, der hat eine Stunde in die Höhe, eine Stunde in die Breite und eine Stunde in die Tiefe; dahin kommt alle hundert Jahr ein Vöglein und wetzt sein Schnäbelein daran, und wenn der ganze Berg abgewetzt ist, dann ist die erste Sekunde von der Ewigkeit vorbei.“
Sprach der König: „Du hast die drei Fragen aufgelöst wie ein Weiser und sollst fortan bei mir in meinem königlichen Schlosse wohnen und ich will dich ansehen wie mein eigenes Kind.“

Brüder Grimm

2 Erzähle das Märchen einem Partnerkind.

2 E-Mails lesen und verfassen

E-Mails sind **elektronische Briefe.** Sie werden am Computer oder am Handy geschrieben und über das Internet in Sekunden verschickt.

① Lies die E-Mails von Tom und seiner Oma.

Senden

An:

Kopie:

Betreff: Besuch

Hallo Oma,

ich darf am Wochenende zu dir kommen! ☺
Am Samstagvormittag bringt Papa mich zum Bahnhof.

LG
Tom

Lieber Tom,

ich freue mich auch auf zwei Tage mit dir. ☺ Bitte erledige aber deine Hausaufgaben diesmal vorher! Sonst musst du am Sonntagabend alles machen und das macht ja keinen Spaß. ☹
Schreib mir noch, wann dein Zug ankommt.

Viele liebe Grüße!

Oma

Hallo Oma,

ich komme am Samstag um 10.12 Uhr an – wenn Papa seine Meinung nicht ändert. Er ist gerade schlecht gelaunt …

Dein Tom

Lieber Tom,

warum sollte dein Papa denn seine Meinung ändern?
Habt ihr Ärger? Was ist los bei euch?

Kuss, Oma

② Schreibe Toms Antwort auf Omas letzte Mail.

Heft 4, S. 19 ②

…

2 Über das eigene Lernen nachdenken

Stelle deine Lernraupe fertig.
Suche dir jemanden aus,
mit dem du deine Lernraupe
besprechen willst.

Ende:

… unterschiedliche Texte benennen.

… eine Anleitung lesen und ausführen.

… einem Interview Informationen entnehmen.

… ein Märchen zusammenstellen.

… verschiedene Märchendarstellungen kennenlernen.

… Merkmale von Märchen kennenlernen.

… ein Märchen lesen und verstehen.

… E-Mails lesen und verfassen.

Ich kann zügiger arbeiten, wenn ich allein arbeite.

Wie schätzt du dein Lerntempo ein?

Ich kann besser arbeiten, wenn ich mit anderen zusammenarbeite.

3 Bilder und Überschriften nutzen

1 Suche dir ein Partnerkind. Betrachtet die Fotos. Sprecht über jedes Bild. Tauscht eure Gedanken und euer Wissen aus.

A

B

C

D

2 Lest die folgende Überschrift und die Zwischenüberschriften. Vermutet, worum es in jedem Absatz gehen könnte.

Die Geschichte des runden Leders

1. **Die Anfänge des Fußballspiels**
2. **Ohne Regeln geht es nicht!**
3. **Die Fußball-Weltmeisterschaft**
4. **1954: Der erste WM-Titel für Deutschland**

Zwischenüberschriften passen zum Inhalt eines **Absatzes.**

3 Lies den Text auf der Seite 22.
Überprüfe, ob deine Vermutungen stimmen.

4 Bildunterschriften erklären oft, was auf Bildern zu sehen ist. Ordne die Bildunterschriften den vier Bildern aus 1 zu.

1. Die Fußballhelden von Bern
2. Platzverweis
3. Fußball – ein uraltes Spiel
4. Der begehrteste Fußball-Pokal der Welt

Heft 4, S. 21 ④
1. Die Fußballhelden
von Bern – Bild ...
2. ...

3 Bilder und Überschriften nutzen

1 Lies den Text und ordne den vier Absätzen das jeweils passende Bild von Seite 21 zu.

Heft 4, S. 22 ①
1. Die Anfänge des Fußballspiels: Bild ...
2. ...

2 Decke den Text ab. Schreibe auf, was du noch weißt.

Heft 4, S. 22 ②
Die Geschichte des runden Leders
...

Die Geschichte des runden Leders

1. Die Anfänge des Fußballspiels

Schon vor über 4000 Jahren wurde bei den Chinesen eine Art Fußball gespielt. Auch die Maya und Azteken in Südamerika kannten eine Art Fußball, ebenso die Römer und Griechen. Der Ball war damals aus ausgestopften Tierhäuten oder luftgefüllten Schweinsblasen. Mit den Schülern eines Braunschweiger Gymnasiums fing in Deutschland alles an. Sie spielten unter der Leitung ihres Lehrers als Erste Fußball. Das war in den siebziger Jahren des 19. Jahrhunderts.

2. Ohne Regeln geht es nicht!

Erst die Engländer stellten im 19. Jahrhundert verbindliche Fußballregeln auf. Jetzt dauerte das Spiel 90 Minuten und das Handspiel war verboten. Im Jahr 1970 wurde bei einer Weltmeisterschaft zum ersten Mal die Rote Karte eingesetzt. Davor wurden Platzverweise mündlich ausgesprochen. Auf die Idee kam ein englischer Schiedsrichter, als bei einem Länderspiel ein argentinischer Feldspieler die mündliche Anweisung nicht verstand oder verstehen wollte.

3. Die Fußball-Weltmeisterschaft

Die erste Fußball-Weltmeisterschaft wurde 1930 in Uruguay ausgerichtet. Es nahmen 13 Mannschaften teil. Heute sind im Weltfußballverband FIFA 209 Länder vertreten. Der FIFA-WM-Pokal wird seit 1974 der Siegermannschaft überreicht.

4. 1954: Der erste WM-Titel für Deutschland

Deutschland war schon immer eine fußballbegeisterte Nation. Am 4. Juli 1954 machte Helmut Rahn die deutsche Nationalmannschaft mit seinem 3:2-Siegtreffer gegen Ungarn zum Weltmeister. Ganz Deutschland jubelte und feierte die „Helden von Bern“.

3 Textabschnitten Überschriften zuordnen

1 Ordne den Texten passende Überschriften zu.
Ein Text bleibt übrig.

Heft 4, S. 23 ①
Text 1: …
…

Überschrift	
Wir Kinder aus Bullerbü	A
Die Schule fängt wieder an	B
Eine Nacht auf dem Heuboden	C
Wir besuchen den Großvater	D

1 Dann gruben wir uns in das Heu ein. Es roch herrlich, aber es pikste auch. Nachdem wir uns in die Pferdedecken eingewickelt hatten, lagen wir aber richtig gut.

2 Da sind nur die drei Höfe: der Nordhof, der Mittelhof und der Südhof. Und nur sechs Kinder: Lasse und Bosse und ich und Ole und Britta und Inga.

3 Es war ein Uhr, als wir von der Schule fortgingen. Nein, waren das Schneewehen! Und wie es stürmte! Wir mussten uns beim Gehen richtig zusammenducken.

4 Wir Kinder aus Bullerbü gehen alle zusammen zur Schule. Wir müssen schon um sieben von zu Hause weggehen, denn wir haben ja einen weiten Weg.

5 Dann besuchten wir alle Großvater und erzählten ihm, dass wir uns verkleidet hätten. Er konnte es ja leider nicht selbst sehen. Aber wir spielten ihm Theater vor, ein Theaterstück, das wir uns selber ausdachten. Lasse spielte eine giftige Tante. Nein, wie haben wir über ihn gelacht! Großvater lachte auch, obwohl er nicht sehen konnte, sondern nur hören.

Astrid Lindgren

2 Schreibe eine passende Überschrift zu dem Text, der keine Überschrift hat.

Heft 4, S. 23 ②
…

3 Sich in einem Text orientieren

1 Sieh dir nur die Fotos an.
Vermute, worum es in diesem Text geht.

Heft 4, S. 24 ①
…

2 Notiere in Stichwörtern, was du bereits über Flusspferde weißt.

Heft 4, S. 24 ②
…

3 Finde mit Hilfe der Fotos den passenden Textabschnitt und beantworte die Fragen.

a) Wo ist die Heimat der Flusspferde?
b) Wie viele Kälber bringen Flusspferde meistens zur Welt?
c) Wie lang werden die Eckzähne der Flusspferde?

Heft 4, S. 24 ③
a) Die Heimat der
Flusspferde ist …
b) …

Wissenswertes

1 Die Heimat der Flusspferde ist Afrika. Sie leben in Gebieten mit Seen und langsam fließenden Flüssen. Erwachsene Tiere können von der Schnauze bis zum Schwanz mehr als vier Meter lang werden und bis zu 3 500 Kilogramm wiegen. Ihre graubraune Haut ist nur im Gesicht mit rosa Flecken gesprenkelt.

2 Am riesigen Kopf sitzen die Augen, Ohren und die Nase so weit oben, dass sie aus dem Wasser herausragen, auch wenn das Tier ganz untergetaucht ist. Die mächtigen Eckzähne im Unterkiefer werden oft bis zu 50 Zentimeter lang.

3 Erwachsene Flusspferde fressen bis zu 50 Kilogramm Grünzeug am Tag.
Flusspferdkühe bringen meistens nur ein Kalb zur Welt, selten sind es zwei Jungtiere.
Da die Dickwanste kaum natürliche Feinde haben, können sie in freier Wildbahn bis zu 40 Jahre alt werden.

→ AH Seite 28, 29

3 Sich auf einer Internetseite orientieren

1 Schreibe mit einem Partnerkind in Stichwörtern auf, was ihr bereits über das Internet wisst.

Heft 4, S. 25 ①
…

Eine **Suchmaschine** hilft dir, passende Internetseiten zu finden. Internetseiten beginnen alle mit **http://www.** Einen Hinweis auf eine Internetseite nennt man **Link.**

2 Sieh dir die Seite der Kinder-Suchmaschine an. Beantworte die Fragen.

a) Wie heißt die Internetseite?

b) Welcher Suchbegriff wurde in das Suchfeld eingetippt?

c) Welche Links geben Informationen über die Steinzeit?

d) Welche Seite ist für Fußballfans interessant?

e) Worauf musst du klicken, um deine Meinung zu sagen?

f) Wo bekommst du Tipps für deine Internetsuche?

Heft 4, S. 25 ②
a) Die Internetseite
heißt …
b) …

3

Über das eigene Lernen nachdenken

Stelle deine Lernraupe fertig.
Suche dir jemanden aus,
mit dem du deine Lernraupe
besprechen willst.

Ende:

… Bilder und Überschriften nutzen.

… Absätzen Überschriften zuordnen.

… mich in einem Text orientieren.

… mich auf einer Internetseite orientieren.

…

Wie hast du mit anderen Kindern zusammengearbeitet?

Ich habe super mit __________ zusammengearbeitet. Wir hatten die Idee, …

Ich bin besser vorangekommen, nachdem wir …

4 Ein Inhaltsverzeichnis lesen

1 Lies das Inhaltsverzeichnis einer Kinderzeitschrift und beantworte die Fragen.

Inhalt

3 Woher weiß man …
… wie wertvoll Gold ist?

6 Menschenskinder!
Fünf Geschichten aus dem Leben der Kinder dieser Welt

TITELTHEMA:
12 Flusspferde
Lest, warum die Ägypter die Dickwanste einst verfluchten – und verehrten. Und macht mit beim großen Wissenstest »Tiere im alten Ägypten«!

20 Eure Meinung zählt!
Künstliche Intelligenz im Klassenraum? Was ihr von Roboter-Lehrern haltet

22 Aids-Forschung
Wie Wissenschaftler gegen das tückische HI-Virus kämpfen

28 Ratsport
Fünf knifflige Knobeleien zum Kopfzerbrechen

30 Knackt die Nuss!
Harte Schale, guter Kern: Nüsse sind Energiebündel

34 Basteltipp
Mit unserem Nussknacker-Hörnchen lasst ihr es krachen

36 Lausbuben-Leben
Ein solches hätte Autor Mark Twain gern geführt. Sein Romanheld Huckleberry Finn macht tatsächlich, was er will

42 König der Fischer
Wenn der Eisvogel auftaucht, dann selten ohne Beute

46 Zum Kugeln!
Bahn frei für die schicken, dicken Sumo-Anzug-Athleten

48 Für euch
Neues zum Lesen, Spielen, Angucken – von uns getestet

50 UNICEF
Sauber! Endlich gibt es in Asayechs Dorf in Äthiopien einen Brunnen

54 Planet Lino
Die verrücktesten Nachrichten des Monats

56 Klo-Lektüre
Zum Welt-Toilettentag: alles über stille und schrille Örtchen

58 Bilderrätsel
Findet 15 Fehler auf dieser hochkomischen Hochzeit

62 Die Geisterfeier
Am »Tag der Toten« lassen die Mexikaner ihre Verstorbenen hochleben

68 Ratekrimi
Alle Wetter – ein Fall für die »Wadenbeißer«

72 Hier schreibt ihr!
Eure Briefe, eure Fragen, eure Antworten

73 Impressum

74 Vorschau

Heft 4, S. 27 ①
a) Lisa wird die Seite 12
über Flusspferde und die
Seite … über … lesen.
b) Für Mika …

a) Lisa liebt Tiere. Welche Seiten wird sie wohl lesen?

b) Mika soll über Kinder in anderen Ländern berichten. Was ist für ihn interessant?

c) Linus sucht zuerst die drei Seiten zum Rätseln und Raten. Wie heißen sie?

d) Über welchen Buchautor erfährst du mehr im Heft?

e) Auf welchen Seiten können Kinder ihre Meinung sagen?

2 Schreibe auf, welche Themen dich am meisten interessieren würden. Begründe deine Wahl.

Heft 4, S. 27 ②
Ich würde gerne …
lesen, weil … .
…

4 Wichtige Wörter in einem Text finden

Wichtige Wörter helfen dir, **den Inhalt eines Textes zu verstehen.**
Mit ihrer Hilfe kannst du einen Text mit eigenen Worten wiedergeben.

1 Lies den Text.
Die Lupen kennzeichnen wichtige Wörter.
Dies können einzelne oder mehrere Wörter sein.
Schreibe sie nacheinander auf.

Heft 4, S. 28 ①
1 der Steinadler
2 einsame Gegenden
...

Der Steinadler

Weil der Steinadler [1] so majestätisch fliegt, wird er auch als „König der Lüfte" bezeichnet. Obwohl die Vögel die Nähe des Menschen meiden und einsame Gegenden [2] mit Felsen [3] lieben, ist der Steinadler vereinzelt noch in Deutschland [4] zu Hause. So brüten in den Höhenlagen der Alpen [5] in Bayern noch ungefähr 50 Steinadlerpaare. Der Steinadler ist bei uns die zweitgrößte [6] Adlerart.

Nur die Seeadler werden etwas größer. Wie alle anderen Adlerarten auch besitzt der Steinadler einen kräftig gekrümmten Hakenschnabel [7]. Erwachsene Tiere haben ein dunkelbraunes Gefieder [8] und einen weiß-schwarzen [9] Schwanz. Seine leuchtend gelben Krallen [10] sind messerscharf [11] und helfen ihm bei der Jagd.

2 Jede Lupe weist auf eine wichtige Wortstelle in der Zeile hin. Finde sie und schreibe sie auf.

Heft 4, S. 29 ②
1 Greifvogel
2 scharfe …
…

Der Steinadler ist ein Greifvogel. 1

Seine scharfen Augen sind bei der Jagd aus der Luft sehr wichtig. 2
Mit ihrer Hilfe erspäht er die Beute noch aus großer Höhe.

Seine Nahrung besteht hauptsächlich aus kleineren Nagetieren 3
wie Hasen, Murmeltieren oder Mäusen.

Da er sehr kräftig ist und mit seinen Krallen und seinem Schnabel 4
gut zupacken kann, erbeutet er aber auch größere Tiere wie Füchse oder Rehkitze. Adler greifen ihre Beute immer aus der Luft an.

In freier Wildbahn können Steinadler bis zu zwanzig Jahre alt 5
werden, in Gefangenschaft werden sie sogar noch etwas älter.

3 Entscheide, ob die Aussagen richtig oder falsch sind.

a) Steinadler sind größer als Seeadler.
b) Steinadler jagen aus der Luft.
c) Steinadler zählen zu den Greifvögeln.
d) Steinadler sieht man nur noch in Gefangenschaft.
e) Steinadler haben gelbe Augen und einen gekrümmten Schnabel.
f) Bei der Jagd helfen dem Steinadler die scharfen Krallen und Augen.
g) Der Steinadler kann nur kleinere Tiere erbeuten.

Heft 4, S. 29 ③
Falsch: a), …
Richtig: …

4 Schreibe einen eigenen Text über den Steinadler.
Verwende dabei die wichtigen Wörter.

Heft 4, S. 29 ④
Der Steinadler
Der Steinadler …

4 Gezielt Informationen suchen

1 Lies den Text. Schreibe gleich beim Lesen alle Tiernamen auf, die genannt werden.

Heft 4, S. 30 ①
Känguru, …

Mortimer Morrison pfiff vergnügt durch die Zähne, als das gelbe Warnschild am Straßenrand auftauchte: Vorsicht – Kängurus kreuzen den Weg! Unbedingt wollte Mortimer Morrison ein Känguru in seiner magischen Zoohandlung haben! (…) Viel Zeit blieb ihm nicht mehr. Bald würde ihn die Fähre mitsamt seinem Omnibus nach Hause bringen. Er rückte seine Sonnenbrille zurecht und beugte sich nach vorne, das Lenkrad fest umklammert. Ein Dingo, ein australischer Windhund, lag zusammengerollt auf dem Beifahrersitz. Ein Emu streckte hinter ihm seinen langen Hals zum Fenster hinaus. Ein Schnabeltier döste zufrieden vor sich hin und störte sich nicht daran, dass eine kleine muntere Springbeutelmaus auf seinem Bauch auf und ab hüpfte. Nette magische Tiere, doch, doch. Fehlte nur noch ein Känguru! Der Omnibus rollte auf dem schnurgeraden Highway dahin. (…) Da vorne, eine Känguru-Herde! Mortimer Morrison trat auf die Bremse, riss die Fahrertür auf und brüllte: „Ich bin's! Mortimer Morrison! Inhaber der magischen Zoohandlung! Kann mich jemand hööören?“ Die Herde hüpfte ungerührt weiter. Na, dann eben nicht! Enttäuscht kehrte Mortimer Morrison zu seinem Bus zurück. Dass durch die offenstehende Tür ein kleiner Haarnasenwombat hereingetapst war, bemerkte er erst viel später.

Eine Stunde verstrich. An einem Eukalyptuswald ließ Mortimer Morrison den Omnibus ausrollen. Zeit für eine Pause! Er öffnete beide Türen, damit sich auch die Tiere die Beine vertreten konnten. Wie war das noch einmal mit diesen Kängurus? Mortimer Morrison überlegte, was er über sie wusste. „Halten sich in kleinen Gruppen in lichten Wäldern auf“, murmelte er. „Ihre Hauptnahrung besteht aus Blättern, Knospen, Sprossen oder Rinde.“

War da nicht ein Rascheln? Er blieb stehen und schaute sich suchend um. Nichts. Doch als er den Kopf in den Nacken legte, entschlüpfte seinem Mund ein entzücktes „Oho!“. Es war ein Koala. Ein besonders hübsches Exemplar mit flauschig weichem Fell und glänzender Nase. Er hockte auf einem Ast und schaute ihm mit seinen schwarzen Knopfaugen direkt ins Gesicht.

4

Mortimer Morrison hielt die Luft an. Der Koala begann zu sprechen. Die Sätze klangen so, als hätte das Tier sie jahrelang geübt: „Bist du Mortimer Morrison? Inhaber der magischen Zoohandlung?“ Als Mortimer nickte, kam Bewegung in das Tier. (...) Wie ein Zirkusakrobat schwang der Koala locker hin und her, spreizte erst den linken Fuß ab, dann den rechten. „Eins, zwei, drei, ich komme!“, juchzte das magische Tier. Es plumpste nach unten und landete genau in Mortimers Armen.

„Wie heißt du?“, fragte Mr. Morrison und lächelte.

„Ich bin Sydney“, antwortete der Koala. „Ich möchte so gern mitkommen in deine magische Zoohandlung.“

Margit Auer

2 Finde die Wörter im Text auf den Seiten 30 und 31. Schreibe den jeweiligen Satz dazu fehlerfrei ab.

1. Fahrertür
2. hereingetapst
3. Knopfaugen
4. Zirkusakrobat

Heft 4, S. 31 ②
1. Mortimer Morrison trat ...

3 Beantworte die Fragen mit Informationen aus dem Text.

a) Mit welchem Fahrzeug ist Mortimer Morrison unterwegs?

b) Was steht auf dem Warnschild?

c) Warum freut sich Mortimer Morrison über das Schild?

d) Was weiß Mortimer Morrison über die Lebensweise von Kängurus?

e) Warum sagt Mortimer Morrison entzückt „Oho!“

f) Warum ist der Koala auch ein „magisches Tier“?

Heft 4, S. 31 ③
a) Er ist mit einem ...
b) ...

4 Auf welchem Kontinent befindet sich Mr. Morrison wohl? Welche Informationen beweisen dies?

Heft 4, S. 31 ④
Mr. Morrison befindet sich ...

5 Suche dir ein Partnerkind. Stellt euch gegenseitig Fragen zum Text. Antwortet mit Textteilen.

Die Fragewörter wer, was, wie, wo, wann, warum helfen euch!

4 Informationen in einem Text finden

1 Sieh dir nur die Bilder an und lies die Überschrift.
Schreibe auf, wovon der Text handeln könnte.

Heft 4, S. 32 ①
In diesem Text geht es
wahrscheinlich um …

Wer ist wo und wie ist's dort?

Weit, weit weg – etwa auf halber Strecke zwischen Donnerstag und dem Nordpol – liegt das Grasland. Dort wohnen die Opodeldoks.
Im Grasland wächst viel Gras. Es gibt da Hafergras und Flattergras, Borstengras und Zittergras, Rispengras und Lispelgras und zweiundneunzig andere Grassorten. Aber es gibt wirklich nur Gras. Nicht einmal ein Busch wächst da, geschweige denn ein Baum. Gras ist wirklich das Wichtigste für die Opodeldoks. Es ist kaum zu glauben, was sie alles daraus machen können!
Sie flechten Teppiche und Decken aus Grashalmen und weben herrliche Stoffe aus getrockneten Gräsern. Ihre Kleider bestehen aus fein gesponnenen Grasfasern und die vielen großen Kissen, die sie aus Graswolle stricken, werden natürlich mit duftendem Heu gefüllt. Die vielen Kissen brauchen sie für den Boden ihrer Schlafhöhle. Das Gras steht natürlich auch auf dem Speisezettel der Opodeldoks. Aus zarten Grasspitzen machen sie zum Beispiel einen wohlschmeckenden Grassalat. Und aus gekochten Gräsern bereiten sie ein gutes Gemüse, das ein bisschen wie Spinat schmeckt. Aber noch lieber essen die Opodeldoks Hühnereier …

Paul Maar, Sepp Strubel

2 Lies nun den Text und beantworte die Fragen.
Suche die passenden Stellen im Text und schreibe sie ab.

a) Wo befindet sich das Grasland?

b) Welche Arten von Gras wachsen im Grasland?

c) Was stellen die Opodeldoks aus getrockneten Gräsern her?

d) Warum benötigen die Opodeldoks Kissen?

e) Welche Gerichte kochen die Opodeldoks aus Gras?

Heft 4, S. 32 ②
a) Weit, weit weg –
etwa auf halber …
b) …

→ AH Seite 36

4 Über das eigene Lernen nachdenken

Stelle deine Lernraupe fertig.
Suche dir jemanden aus,
mit dem du deine Lernraupe
besprechen willst.

Ende:

… ein Inhaltsverzeichnis lesen.

… wichtige Wörter in einem Text finden.

… gezielt Informationen suchen.

… Informationen in einem Text finden.

…

Wenn ich mit Lust schreibe, wird es besser.

Ich kann zügig und sorgfältig schreiben, wenn …

5 Piktogramme lesen

1 Sieh dir die Bildzeichen genau an und schreibe zu jedem englischen Begriff die deutsche Bedeutung.

Arrival | Departure | Visitors' terrace | Exchange | Train station | Passport control

Heft 4, S. 34 ①
Arrival – Ankunft
...

Passkontrolle
Abflug
Ankunft
Geldwechsel
Besucherterrasse
Bahnhof

2 Beantworte die Fragen zum Bild.

a) In welchem Terminal ist die Passkontrolle?

b) Welche Verkehrsmittel erreicht man über Terminal B?

c) In welchem Terminal kann man Geld wechseln?

Heft 4, S. 34 ②
a) Die Passkontrolle ...
...

3 Schreibe die Sätze ab, die zur Bordkarte passen.

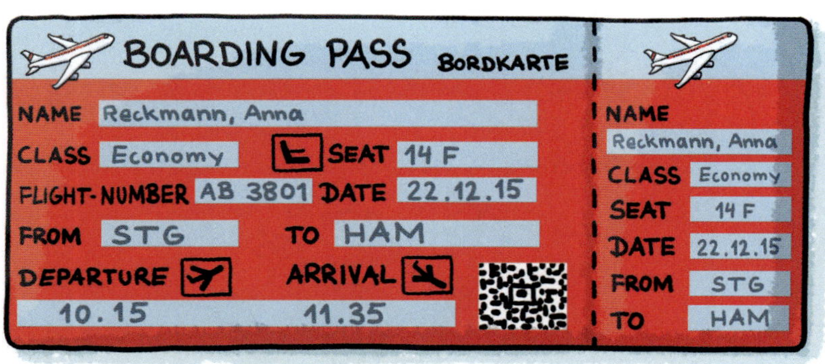

a) Die Bordkarte ist auf Annas Namen ausgestellt.

b) Anna startet am Flughafen Stuttgart.

c) Sie fliegt zu Weihnachten ab.

d) Anna will nach Berlin fliegen.

e) Ihr Platz befindet sich in Reihe 14.

f) Anna hat Business Class gebucht.

Heft 4, S. 34 ③
a) Die Bordkarte ist ...
...

→ AH Seite 42

5 Einen Fahrplan lesen

Mit einem Smartphone kann man im Internet **Informationen aufrufen,** zum Beispiel Zugverbindungen.

1 Beantworte die Fragen mit Hilfe der angezeigten Reiseauskunft.

Heft 4, S. 35 ①
a) Die Züge fahren in … ab.
b) Die Reise …

a) In welcher Stadt fahren die Züge ab?

b) Wohin führt die Reise?

c) Wann soll die Reise stattfinden? Nenne Wochentag und Datum.

d) Wie lange ist man unterwegs, wenn man um 15:44 Uhr startet?

e) Wann kommt man an, wenn man um 15:58 Uhr startet?

f) Welchen Zug muss man wählen, um möglichst schnell anzukommen?

g) Welchen Zug muss man wählen, wenn man nicht umsteigen möchte?

h) Auf welches Feld muss man tippen, wenn man einen Zug sucht, der vor 17:05 Uhr ankommt?

i) Was bedeutet die Abkürzung **Hbf?**

5 Diagramme lesen

Diagramme sind Schaubilder. Sie stellen wichtige Informationen und Zahlen in Form eines Bildes dar. Es gibt verschiedene Arten von Diagrammen:

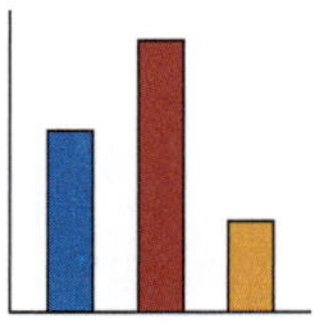
Säulendiagramme

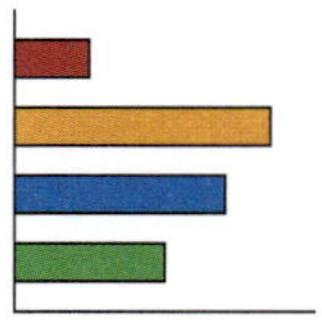
Balkendiagramme

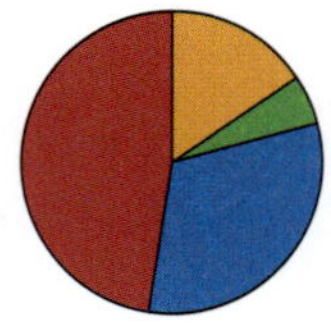
Kreisdiagramme

1 Die Klasse 3 der Rheinschule zählte einen Vormittag lang den Verkehr in der Schulstraße. Schreibe auf, welche Aussagen du dem Säulendiagramm entnehmen kannst.

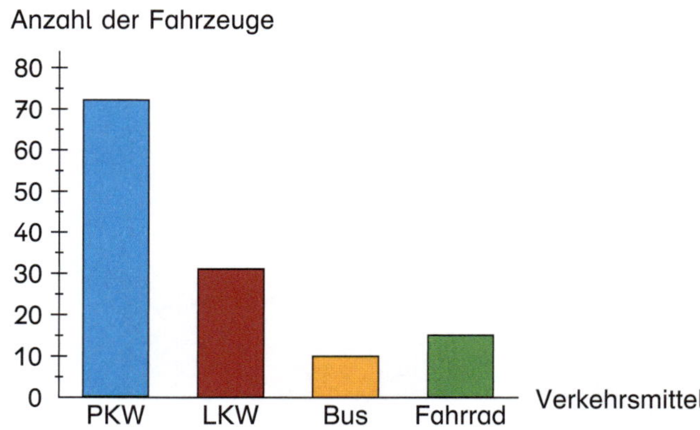

Das Diagramm zeigt, …

a) wie viele Kinder an diesem Tag zu spät zur Schule kamen.
b) welche Fahrzeuge an der Schule vorbeifuhren.
c) wie viele Fahrzeuge an der Schule vorbeifuhren.
d) dass PKW am häufigsten vorbeifuhren.
e) wie viele Leute zu Fuß vorbeigingen.
f) dass nur sieben Busse vorbeifuhren.

Heft 4, S. 36 ①
Das Diagramm zeigt,
b) …

2 Schreibe auf, welches Kreisdiagramm zum Säulendiagramm aus 1 passt.

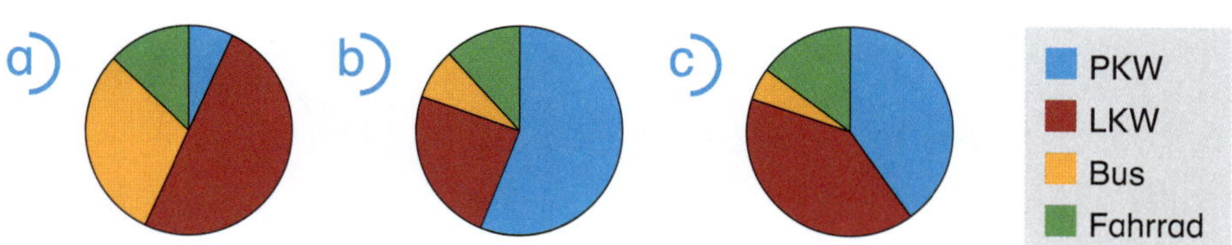

Heft 4, S. 36 ②
Zum Säulendiagramm
passt …

→ AH Seite 43

5 Einem Prospekt Informationen entnehmen

① Betrachte und lies den Prospekt.

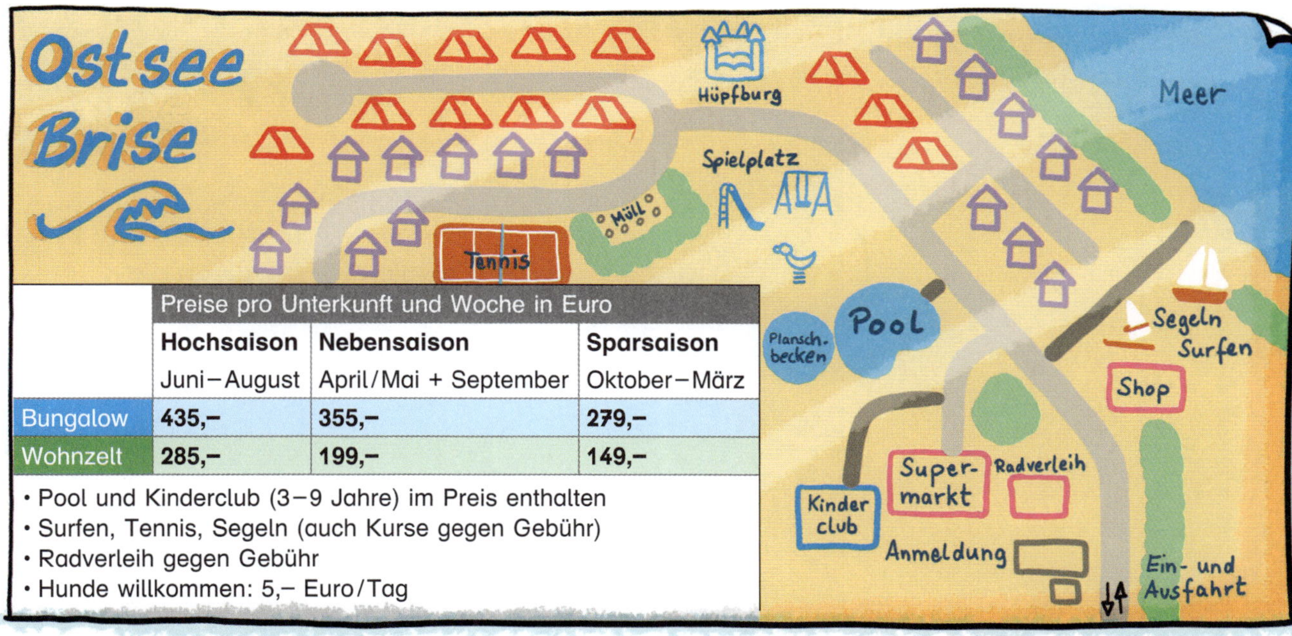

	Preise pro Unterkunft und Woche in Euro		
	Hochsaison	**Nebensaison**	**Sparsaison**
	Juni – August	April/Mai + September	Oktober – März
Bungalow	**435,–**	**355,–**	**279,–**
Wohnzelt	**285,–**	**199,–**	**149,–**

- Pool und Kinderclub (3–9 Jahre) im Preis enthalten
- Surfen, Tennis, Segeln (auch Kurse gegen Gebühr)
- Radverleih gegen Gebühr
- Hunde willkommen: 5,– Euro/Tag

② Beantworte die Fragen mit Hilfe des Prospektes in ganzen Sätzen.

Heft 4, S. 37 ②
a) Das Feriendorf bietet ...

a) Wie viele Wohnzelte △ und Bungalows ⌂ bietet das Feriendorf?

b) Für welche Angebote müssen die Gäste zusätzlich bezahlen?

c) Familie Huber bucht für zwei Wochen im August einen Bungalow. Wie viel kostet das?

d) Wie viel bezahlt Familie Eck für eine Woche im Wohnzelt im Mai?

e) In welchen Monaten kann man am günstigsten verreisen?

③

5 Über das eigene Lernen nachdenken

Stelle deine Lernraupe fertig.
Suche dir jemanden aus,
mit dem du deine Lernraupe
besprechen willst.

Ende:

… Piktogramme lesen.

… einen Fahrplan lesen.

… Diagramme lesen.

… einem Prospekt Informationen entnehmen.

…

Ich schreibe gerne Tests, weil …

Ich mag das Testschreiben nicht, weil …

6 Über ein Gespräch nachdenken

1 Suche dir ein Partnerkind. Lest das Gespräch mit verteilten Rollen.

„Könnten wir uns heute Nachmittag treffen?“
„Wann?“
„Vielleicht um drei?“
„Da habe ich Klavierstunde.“
„Und um vier?“
„Da muss ich zum Sport.“
„Und um fünf?“
„Sport geht bis um halb sechs.“
„Schade, um sechs essen wir zu Abend.“
„Später kann ich auch nicht mehr.
Wir haben so viele Hausaufgaben auf.“
„Morgen kann ich nicht.
Um zwei Gitarrenkurs in der Musikschule.
Halb vier Mathe-Nachhilfe.
Und um sechs noch Hallenhandball.“
„Und wie ist es am Freitag?“
„Warte mal! Jetzt muss ich erst meinen Terminkalender suchen.
Aber da ist bestimmt auch viel. Das weiß ich jetzt schon!“
„Ich habe meinen Kalender vergessen.
Weißt du was? Ich rufe dich heute Abend mal an.
Dann habe ich meinen Kalender und wir machen einen Termin aus.“
„Du, Freitag geht auch nicht! Da muss ich zum Reiten!“

Rolf Krenzer

2 Sprecht über den Text.

a) Was denkt ihr über das Gespräch?

b) Welchem Kind gehört der Terminkalender?

c) Wie sieht es bei euch mit Terminen aus? Seid ihr zufrieden mit eurer Woche?

3 Findet eine Überschrift für den Text.

6 Stimmungen zum Ausdruck bringen

1 Lies den Abschnitt und schreibe Wörter heraus, die zeigen, dass der Zauberer Kotzmotz wütend ist.

Heft 4, S. 40 ①
stampfte, wütend, …

Der Zauberer Kotzmotz stand in seiner Zauberküche und stampfte mit dem Fuß auf. Er war wütend, er war zornig, er war sozusagen essiggurkensauer. Genau genommen hatte er eine riesige, kellerschwarze, stachelige Stinkwut. Und deshalb schrie und stampfte und tobte er so, dass sein ganzes Haus wackelte.
„Sauschwartenschweinerei!“, schrie er.
„Warzenschleim mit Senfsoße!“, schrie er.
„Verpickelte Bananenpampe!“, schrie er.
Und sein liebstes Schimpfwort brüllte er so laut er konnte, und das war SEHR laut, und er schrie es gleich dreimal hintereinander:
„Verstinkter Affenhintern in Pupssuppe!“
Und dann schmiss er sein Zauberbuch auf den Boden und trampelte so lange darauf herum, bis er es zu Konfetti zerstampft hatte. (…)

2 Lies den Text einem Partnerkind so vor, dass die Wut des Zauberers deutlich wird.

3 Lies den nächsten Abschnitt. Schreibe auf, wie sich der Hase fühlt. Beschreibe auch die Gefühle des Eichhörnchens und des Käfers.

Heft 4, S. 40 ③
Hase: …
Eichhörnchen: …
Käfer: …

Da liefen die Tiere im Wald in ihre Verstecke und drückten sich eng aneinander. (…)
Nur der kleine, immer zerzauste Hase mit dem Knick im Ohr war ziemlich unbeeindruckt. „Warum tobt er so?“, fragte er das Eichhörnchen, das sich die Augen zuhielt. „PSSSSST!“, flüsterte das erschrocken. „Ich bin unsichtbar.“ Und es sprang schnell einen Baum weiter. Dort hielt es sich gleich wieder die Pfoten fest vor die Augen. (…) „He, du grüner Käfer“, fragte der zerzauste Hase, „warum tobt er so?“ „Psssst!“, huschelte der und rannte mit seinen sechs Beinchen so schnell er konnte unter das nächste Blatt.

→ AH Seite 48, 49

6

4 Lies weiter.
Schreibe die Lieblingswörter des kleinen Hasen auf.

Heft 4, S. 41 ④
Lieblingswörter des kleinen Hasen: …

Er muss ziemlich verärgert sein, dachte der kleine Hase mit dem Knick im Ohr, wenn er diese wütenden Wörter brüllt, wo es doch so viele wunderschöne Wörter gibt. „LIBELLENFLÜGELPERLMUTT“, summte er. „FROSCHBACKENPOSAUNENMUSIK“, sang er. „SAMTKÄTZCHENDUFTGESTREICHEL“, erfand er. „HIMBEERROSASCHNÜRSCHUHTÄNZCHEN“, kicherte er und hopste dabei im Kreis herum, bis er aus Versehen mit seinem kleinen weichen Hasenpopo vor die Tür des Hauses vom Zauberer Kotzmotz stieß. „Lauf weg! Lauf weg!“, kreischte die Elster so schrill und heftig, dass der zerzauste Hase eine Gänsehaut bekam und sein letztes schönes Wort „MAMABAUCHKUSCHELWEI…!“ ihm im Halse stecken blieb.

Brigitte Werner

5 Schreibe den Abschnitt zu Aufgabe **1** in die gegenteilige Stimmung um. Stell dir dazu vor, dass der Zauberer vor Freude durch die Küche springt. Gib ihm auch einen neuen passenden Namen.

Heft 4, S. 41 ⑤
Der Zauberer …

6

6 Eine Geschichte lesen und verstehen

1 Lies die Geschichte vom Löwen, der nicht schreiben konnte.

Der Löwe konnte nicht schreiben. Aber das störte den Löwen nicht, denn der Löwe konnte brüllen und Zähne zeigen und mehr brauchte er nicht.
Eines Tages aber traf er eine Löwin, die las in einem Buch und war sehr schön.
Eine Löwin, die liest, ist eine Dame. Und einer Dame schreibt man Briefe.
Das hatte er von einem Missionar gelernt, den er gefressen hatte.
Also brauchte der Löwe Hilfe. Zuerst schrieb der Affe einen Brief für ihn.
Darin stand: „Liebste Freundin, wollen Sie mit mir auf die Bäume klettern?
Ich habe auch Bananen. Total lecker! Gruß, Löwe."

„Aber neiiiiiin!", brüllte der Löwe. **„So etwas hätte ich doch nie geschrieben!"**

Und der Löwe zerriss den Brief. Dann ging er hinunter zum Fluss. Dort musste das Nilpferd einen neuen Brief schreiben. Der gefiel dem Löwen auch nicht.
Also ging er zum Mistkäfer, zur Giraffe und zum Krokodil.
Doch keines der Tiere fand die richtigen Worte.

2 Überlege, welches der vier Tiere welchen Brief für den Löwen geschrieben hat.

*Liebste Freundin,
wollen Sie mit mir im Fluss schwimmen und nach Algen tauchen?
Total lecker!
Gruß, Löwe*

*Liebste Freundin,
wollen Sie mit mir auf der Erde kriechen?
Ich habe Dung.
Total lecker!
Gruß, Löwe*

*Liebste Freundin,
heute Abend gibt es noch einen Rest Giraffe.
Komm auch!
Total lecker!
Gruß, Löwe*

3 Die Giraffe wurde leider mitsamt ihrem Brief vom Krokodil gefressen. Schreibe auf, was wohl in ihrem Brief stand.

Heft 4, S. 42 ③
Liebste Freundin,
…

6 **Ausdrucksvoll vorlesen**

4 Lies weiter. Gib den Tieren unterschiedliche Stimmen und beachte ihre Gefühle.

Zuletzt las der Geier seinen Vorschlag vor.
„Liebste Freundin, ich bin der Löwe und ich bin der Boss hier. Ich will dich kennenlernen!“
Der Löwe nickte zufrieden mit dem Kopf.
Ja, so hätte er das auch gesagt.
Der Geier las weiter:
„Wir können über den Dschungel fliegen.
Ich hab auch Aas. Total lecker! Gruß, Löwe.“

Jetzt reichte es aber!

„Nein!“

… brüllte der Löwe.

„Neiiiiiin! Nein! nochmals und Nein!“

„Ich würde ihr schreiben, wie schön sie ist.
Ich würde ihr schreiben, wie gerne ich sie sehen würde.
Einfach nur zusammen sein. Einfach faul unter einem Baum liegen.
Einfach in den Abendhimmel gucken! Das kann doch nicht so schwer sein!“

Und dann brüllte er los, brüllte all die wunderbaren Dinge, die er schreiben würde, wenn er könnte. Aber der Löwe konnte ja nicht. Und so brüllte er noch eine Weile. „Warum haben Sie denn nicht selbst geschrieben?“ Der Löwe drehte sich um. „Wer will das wissen?“ „Ich“, sagte die Löwin mit dem Buch. Und der Löwe mit den scharfen Zähnen antwortete leise: „Ich habe nicht geschrieben, weil ich nicht schreiben kann.“ Da lächelte die Löwin, stupste den Löwen mit der Nase und nahm ihn mit.

Martin Baltscheit

5 Suche dir andere Kinder. Spielt oder lest die Geschichte mit verteilten Rollen.

6 Über einen Text nachdenken

1 Lies den Text.

Mein Freund Ringo

Seit Tim in die dritte Klasse geht, fährt er jeden Morgen mit der S-Bahn zur Schule. Seine Eltern haben keine Zeit, ihn hinzubringen, denn sie arbeiten beide – der Vater in einer anderen Stadt, die Mutter zu Hause am Computer. Außerdem macht es Tim gar nichts aus, mit der S-Bahn zu fahren.
Wer schon in die dritte Klasse geht, ist doch kein kleiner Junge mehr.
Und so sitzt er jeden Morgen an seinem Fensterplatz und schaut in die vorbeifliegende Landschaft hinaus. Im Sommer ist alles grün und die Sonne scheint durchs Fenster, als wollte sie Tim einen guten Morgen wünschen.
Ja, Tim hat viel Fantasie und kann sich alles vorstellen.
Wie sollte es ihm da in der S-Bahn langweilig werden?

2 Male ein Bild, wie die Welt aus dem Zugfenster für Tim bei Regenwetter oder im Winter aussehen könnte.

3 Lies den Abschnitt und schreibe auf, was Tim denken könnte.

Heft 4, S. 44 ③
Es ist schön, ...

Bis wenige Tage vor Weihnachten aber war die S-Bahn-Fahrerei für Tim noch spannender. Da freute er sich jeden Morgen auf die Station Sportfeld. Denn dort stieg Ringo in den Zug. Ringo war Tims bester Freund, obwohl er schon längst erwachsen war.

4 Überlege, wer Tims erwachsener Freund Ringo sein könnte. Schreibe es auf.

Heft 4, S. 44 ④
Ringo könnte ...

6

Ringo rasierte sich selten und machte sich nie besonders fein. Das hätte zu einem Straßenmusikanten auch gar nicht gepasst. Und zu dem großen, schon sehr abgewetzten Koffer, den Ringo immer mit sich herumschleppte, auch nicht. Als Straßenmusikant hatte er es nicht leicht.

5 Überlege, warum es Ringo als Straßenmusikant wohl nicht leicht hat. Begründe deine Meinung.

Heft 4, S. 45 ⑤
Ringo hat es vielleicht nicht leicht, weil …

Viele Leute gingen einfach an ihm vorüber, andere guckten ihn an, als würden sie ihn am liebsten einsperren lassen. Nur wenige warfen ihm eine Münze in den Koffer. Dabei war Ringo doch ein richtiger Künstler. Wer stehen blieb und ihm, dem Kurti und der Sophie zuhörte und zuschaute, bekam gleich gute Laune. Wer Kurti und Sophie waren? Ringos Mitspieler. Zwei Marionetten. Sie schliefen in Ringos Koffer. Weshalb Ringo nur Ringo gerufen wurde? Weil er an jedem Finger und in jedem Ohr einen Ring trug. Sogar um die Handgelenke trug er welche. Tim liebte Ringos Vorstellungen. Jedes Mal, wenn er aus der Schule kam und über den Marktplatz zum Bahnhof ging, guckte er Kurti und Sophie ein Weilchen zu. Und hörte er Leute schimpfen, zeigte er ihnen heimlich einen Vogel.

Klaus Kordon

6 Manche Leute schimpfen über Ringo. Wie findest du dieses Verhalten? Schreibe deine Meinung auf und begründe sie.

Heft 4, S. 45 ⑥
Ich finde …

7

6 Über das eigene Lernen nachdenken

Stelle deine Lernraupe fertig.
Suche dir jemanden aus,
mit dem du deine Lernraupe
besprechen willst.

Ende:

… über ein Gespräch nachdenken.

… Stimmungen zum Ausdruck bringen.

… eine Geschichte lesen und verstehen.

… ausdrucksvoll vorlesen.

… über einen Text nachdenken.

…

Am einfachsten fand ich …

Am schwersten war für mich …

Sich in einer Bücherei orientieren

In einer Bücherei sind Bücher und andere Medien oft nach Themen geordnet. Innerhalb eines Themenregals werden sie alphabetisch nach den Nachnamen der Autoren sortiert. Die Kennzeichnung auf dem Buchrücken (**Signatur**) hilft dabei. **Gru – Lütje** steht zum Beispiel für das Thema **Gru**selgeschichten von der Autorin Susanne **Lütje**.

1 Sortiere die Gespensterbücher richtig in den Themenbereich **Gruselgeschichten** ein.

Heft 4, S. 47 ①
Gru – Arold, …

2 Ordne die folgenden Titel den Regalen zu. Ergänze eigene Beispiele für alle Themen.

Heft 4, S. 47 ②
Krimis: …
CDs / Hörbücher: …
…

Kommissar Kugelblitz – Der Fall Kiwi | Ice Age 4 | Planeten und Raumfahrt | Pettersson und Findus | Das magische Baumhaus | Kinderpartyhits | UNO

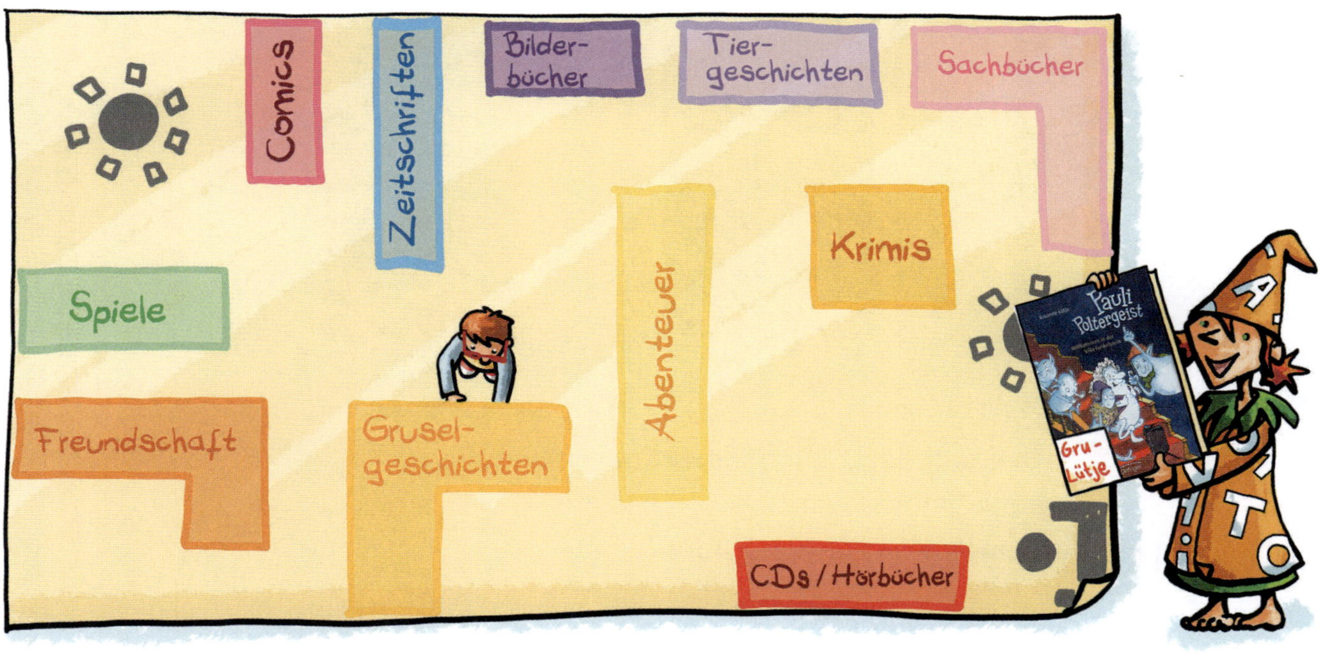

7 Klappentexte Büchern zuordnen

Die **Inhaltsangabe** auf der Rückseite eines Buches heißt **Klappentext.**

1 Lies die Klappentexte und betrachte die Buchabbildungen.

Eines Tages bringt das Postschiff ein geheimnisvolles Paket nach Lummerland. Und das versetzt die Bewohner der kleinen Insel ganz schön in Aufregung. Denn darin steckt: Jim Knopf! Dies sind die lustigen und spannenden Abenteuer von Jim Knopf und Lukas dem Lokomotivführer mit Scheinriesen, Halbdrachen und vielen anderen außergewöhnlichen Wesen. A

Als eines Morgens ein riesiges graues Pferd auf der Terrasse steht, traut Hermann seinen Augen kaum. Das Pferd heißt Milchmann und seine gewaltigen Lippen zittern, als wolle es gleich losheulen. Das ist schon ungewöhnlich genug, aber noch seltsamer ist, dass auch bei den anderen Kindern Pferde auftauchen. Das kann kein Zufall sein, denkt Hermann, und ist sich ganz sicher: Die Pferde sind in Gefahr! M

Endlich ist es soweit: Eric darf mit seinem afrikanischen Papa nach Ghana fliegen und seine Oma besuchen. Seinen besten Freund Flo nimmt er mit. In Ghana ist vieles anders als daheim in Bremen. Hier ist es nämlich Flo, der zwischen all den schwarzen Kindern auffällt. Eric und Flo erleben aufregende Tage in dieser anderen Welt, wo es Krokodile gibt, wo ein Gewitter noch ein richtiges Unwetter ist und wo Aba lebt, die Schlangenbeschwörerin werden möchte. A

Eine echte Ritterburg als neues Zuhause – kann man sich etwas Cooleres vorstellen? Ja, kann man, findet der neunjährige Max. Denn Burg Geroldseck ist ein Seniorenheim voller schrumpeliger Omas und Opas. Doch als ein Einbrecher die Burg in Angst und Schrecken versetzt, ist Max begeistert: Endlich kann er sich als Detektiv beweisen! Dabei helfen ihm ausgerechnet Vera, Horst und Kilian, die wilden Senioren vom Tisch Nr. 7. A

1

2

3

4

2 Ordne jedem Buch den passenden Klappentext zu. Die Lösungsbuchstaben ergeben den Namen eines Kinderbuchautors.

Heft 4, S. 48 ②
1 – P, 2 – ...

7

5

6
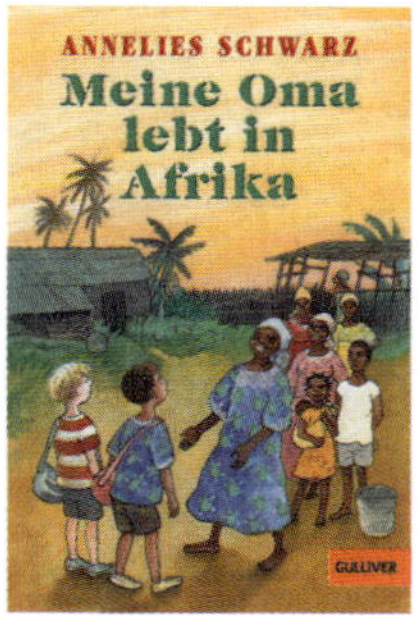

7

8

Auf ins Leseabenteuer!
Mit Ritterglück und Drachenmut
leibeigen geboren, leibeigen gestorben, leibeigen ein Leben lang – ja, so heißt es wohl! Aber ist es nicht schrecklich ungerecht, dass alle Bauern ihrem Ritter gehören und kein bisschen sich selbst? Das findet jedenfalls der Bauernjunge Trenk. Er will es einmal besser haben als sein Vater, der schon wieder auf der Burg Schläge bekommen soll. Und so bricht Trenk mit seinem Ferkelchen am Strick auf in die Stadt, um dort sein Glück zu machen …

R

Im Vergessenen Meer liegt, eingeschlossen zwischen der Lichtbarriere und dem Mahlstrom, die Insel der Piraten – nur gibt es dort leider niemanden zum Überfallen und die Piraten leben wie normale Küstenbewohner. Trotzdem träumen Mick, Lili, Gordon, Stevie und Susa von einem echten Piratenleben auf hoher See. Als Mick im Garten von Bill dem Buddler die Schatzkarte des Listigen Lars ausgräbt und Lili ein altes Schiff erwirbt, sind die Sommerferien gerettet.

L

Schon immer leben Salila und Oma Henriette in der schönen Wohnung mit der Kastanie vor dem Fenster. Doch dann tauchen Briefe auf, die Oma einfach beiseitelegt. Salila öffnet sie heimlich: Ein Miethai hat ihr Haus geerbt und nun soll es aufwendig saniert werden. Warum liest Oma sie nicht? Bald weiß Salila warum und nimmt die Sache selbst in die Hand ...

U

Das Luchsmädchen Lumi lebt schon immer im Funklerwald und kennt jeden Baum und jedes Tier rund um ihren Bau. Der Waschbärenjunge Rus kommt ganz neu in den Wald und sucht dort mit seiner Familie eine Heimat. Als Lumi in eine Felsspalte fällt, hilft Rus ihr aus der Patsche. Aber die anderen Funklerwald-Tiere mögen keine Neulinge. Und sie beschließen: Die Waschbären sollen verschwinden! Lumi und Rus müssen ganz schnell einen Weg finden, damit die Waschbären bleiben dürfen …

P

Überlege, welches Buch du gern lesen würdest. Vielleicht findest du es in der Bücherei.

③ Schreibe einen Klappentext zu deinem Lieblingsbuch.

Heft 4, S. 49 ③
…

7 Ein Kinderbuch kennenlernen

So bekommst du einen **ersten Eindruck** von einem Buch:
1. Betrachte die Titelseite mit dem Titelbild.
2. Lies den Klappentext auf der Rückseite des Buches.
3. Blättere im Buch, betrachte die Bilder und lies Kapitelüberschriften.
4. Lies die ersten Sätze oder andere Stellen, die dich ansprechen.

1 Lies und betrachte die Informationen zu dem Kinderbuch.
So bekommst du einen ersten Eindruck.

Titelseite

Autorin

Buchtitel

Titelbild

Verlag

Klappentext

Zum Inhalt

Es ist eine wilde, stürmische Gewitternacht, als Moses zu den Seeräubern kommt: In einer hölzernen Waschbalje* schaukelt das winzige Baby auf dem tosenden Meer. Käptn Klaas und seine Männer werden Moses' beste Freunde und Ersatzeltern. Da wird Moses eines Tages von Käptn Klaas' größtem Widersacher, Olle Holzbein, gekidnappt. Olle verlangt als Lösegeld die Schatzkarte für den Blutroten Blutrubin des Verderbens. Und er scheint auch etwas über Moses' wahre Herkunft zu wissen. Mit Dohlenhannes, dem neuen Freund, gelingt Moses die Flucht von Olle Holzbeins Schiff. Aber ob sie vor den Seeräubern dem Blutroten Blutrubin auf die Spur kommen und dabei auch noch Moses' wirkliche Eltern finden?

**Balje: Wanne*

1 . Kapitel,
in dem ein wilder Sturm tost und wir die Kerle von der „Wüsten Walli" kennenlernen

Es war eine wilde, stürmische Gewitternacht, als Moses zu den Seeräubern kam. Die Blitze zuckten nur so am Horizont und dazu rollte der Donner über den Himmel mit einem Krachen wie ein rumpeliges Fass …

2 Überlege, ob und warum du das Buch gern lesen würdest.
Schreibe auf, was dir gefällt und was nicht.
Begründe deine Entscheidung.

Heft 4, S. 50 ②
Mir gefällt …

7 Eine spannende Stelle lesen

1 Vom Buch „Seeräuber-Moses“ hast du schon einen ersten Eindruck bekommen.
Lies hier und auf Seite 52 den Beginn des 12. Kapitels dieses Buches.

Info:
Der böse Olle Holzbein hat Moses gerade auf sein Schiff entführt!

12. Kapitel,
in dem Moses Dohlenhannes kennenlernt und einen gehörigen Schrecken kriegt

Vielleicht glaubst du, dass Moses da unten in der Dunkelheit jetzt vor lauter Angst anfing zu schlottern oder sich sogar in ihre weiten Linsensackhosen machte; aber das tat sie keinesfalls. Dunkelheit unter Deck war Moses ja ihr Leben lang gewöhnt gewesen, weil sie auf der »Wüsten Walli« manchmal heimlich nach unten geschlichen war, um von den Vorräten zu naschen, die Marten Smutje da verstaut hatte; und darum wusste sie auch, dass jede Dunkelheit schon nach einer Weile nicht mehr ganz so dunkel ist, weil die Augen sich nämlich gewöhnen und weil ja außerdem hier und da ein winziger Lichtstrahl zwischen den Planken hindurchfiel, wo das Schiff nicht mehr ganz gut abgedichtet war und mal längst wieder hätte kalfatert werden müssen.

Und wenn du und ich und alle, die wir kennen, dann vielleicht wenigstens aus Angst vor dem gruseligen Mann mit dem Holzbein geschlottert hätten, so tat Moses auch das nicht. Sie hatte ja so lange mit solchen wüsten Kerlen zusammengelebt und daher wusste sie, dass sich manchmal sogar unter der rauesten Schale ein weicher Kern verbirgt. Na, das war in diesem Fall vielleicht nicht ganz so, wirst du merken.

Aber *wütend* war Moses, das kannst du glauben, und mit jeder Minute wurde sie immer noch wütender. Wer will denn wohl schon gerne in einem stinkigen Ziegenkäfig unter Deck eingesperrt sein, in dem er noch nicht mal aufrecht stehen kann? Die Dunkelheit übrigens war jetzt tatsächlich schon nicht mehr ganz so dunkel, und

79

→ Fortsetzung auf Seite 52!

7

Fortsetzung von Seite 51!

darum erkannte Moses auch allmählich die Umrisse all der Dinge, die im Laderaum verstaut waren: Und da sah es auf diesem Schiff eigentlich gar nicht so sehr viel anders aus als auf der »Walli«. Es gab Kisten mit zugenageltem Deckel und Fässer, von denen Moses nicht mal ahnte, was da wohl drin sein mochte, und Säcke und Truhen, über deren hölzernen Rand goldene und silberne Ketten hingen; und in der hintersten Ecke lag auch noch ein ziemlich hoher Berg aus gelben Steckrüben, die hatte die Besatzung gerade erst geladen und die sollten wohl mit auf große Fahrt.

»Igittigitt, jetzt auch noch Rüben!«, sagte Moses; denn auch auf der »Walli« hatten sie manchmal tagelang und wochenlang immer nur Rüben gegessen, und ihre Lieblingsspeise waren die ganz bestimmt nicht. »Im Dunkeln eingesperrt sein und dann auch noch Rüben!«

Und gerade als sie überlegte, ob sie jetzt erst mal eine Runde schlafen sollte, um das ganze Elend zu vergessen und auch weil man sonst ja nicht so viel machen konnte in dem schäbigen Käfig, wenn man keine Ziege war, hörte sie plötzlich eine Stimme: Die klang so merkwürdig und so fremdartig und auch ein bisschen gruselig, wie sie noch keine Stimme je gehört hatte in ihrem ganzen Leben, und sofort spürte Moses einen kleinen Knoten in ihrem Magen.

Denn »Rübe ab!« schnarrte die Stimme und dazu hörte Moses sogar auch noch Schritte, die kamen direkt auf sie zu. »Rrrrrrrübe ab!«

Da wuchs der Knoten in ihrem Magen und am liebsten hätte Moses sich irgendwo versteckt; aber in ihrem Käfig gab es ja absolut gar nichts, wohinter sie sich hätte verkriechen können, und darum versuchte sie einfach, nicht an den Knoten in ihrem Magen zu denken, und ballte die Fäuste.

Und dann erkannte sie auch schon die Umrisse einer merkwürdigen gebückten Gestalt, die schlich vorsichtig, ganz vorsichtig näher und näher auf ihren Ziegenkäfig zu, und dabei stieß sie immerzu gegen irgendwelche Kisten und Truhen und Fässer, dass es nur so rumpelte. Die Gestalt kam ja von oben aus der Helligkeit, ...

80

Kirsten Boie

2 Überlege mit einem Partnerkind, wodurch dieser Ausschnitt spannend ist.

3 Tauscht euch aus, wie euch Kirsten Boies Art zu schreiben gefällt.

7 Eine Kinderbuchautorin kennenlernen

1 Lies die beiden Texte.

Kirsten Boie ist eine der erfolgreichsten und vielseitigsten deutschen Kinder-und Jugendbuchautorinnen. 1985 erschien ihr erstes Buch „Paule ist ein Glücksgriff“. Seither hat die Hamburger Autorin mehr als 100 Kinder- und Jugendbücher veröffentlicht.

Interview mit Kirsten Boie

Mit welcher Ihrer Figuren haben Sie am meisten gemeinsam? Natürlich mit Moses. Die ist schließlich auch ein Frauenzimmer und eine kleine Dame.

Wie gut kennen Sie Ihre Figuren? Wissen Sie zum Beispiel, was sie am liebsten essen? Moses mag Sirup, den stibitzt sie sich ja immer bei Marten Smutje, und Rüben mag sie nicht. Linsen gehen so und Dörrfisch auch. Von den Kerlen auf der „Süßen Suse“ weiß ich eigentlich nur, was sie gerne trinken. (Und das ist nicht gut für Kinder, darum schreibe ich es nicht hin.)

Waren Sie gut in Deutsch?

Ziemlich. Auf Aufsätze habe ich mich immer gefreut. Und wenn die Note mal schlechter war, habe ich gedacht, es liegt daran, dass die Deutschlehrerin nicht erkennen kann, was gut ist. (Aber in anderen Fächern war ich nicht so arrogant.)

Was würde Seeräuber-Moses machen, wenn sie Bundeskanzlerin wäre?

Das will sie nicht sein. Sie bleibt lieber eine wunderschöne Prinzessin, die ihrem Land Glück und Gerechtigkeit bringt, wie die Weissagung des Blutroten Blutrubins es prophezeit.

Würden Sie gerne einen Tag mit Seeräuber-Moses verbringen? Was würden Sie zusammen unternehmen? Seemannsknoten üben. Aber beim zweiten Treffen dürfte Moses dann aussuchen, was sie machen will.

2 Beantworte die Fragen.

a) Wie heißt Kirsten Boies erstes Buch und wann ist es erschienen?

b) Wo lebt Kirsten Boie?

c) Warum hat Kirsten Boie am meisten mit Moses gemeinsam?

d) Was sagt Kirsten Boie über Aufsätze?

Heft 4, S. 53 ②
a) Ihr erstes Buch heißt …
b) Kirsten Boie lebt …

7 Eine Buchvorstellung vorbereiten

So stellst du ein Buch vor:

1. Nenne zuerst **Autor** oder **Autorin** und den **Titel.**
2. **Begründe,** warum du dieses Buch ausgewählt hast.
3. **Erkläre,** worum es in dem Buch geht, und stelle die **Hauptfiguren** vor.
4. **Lies etwas vor:** Das kann der Anfang, eine besonders lustige oder eine besonders spannende Stelle sein.
   Erkläre vorher, warum du diese Stelle ausgesucht hast.
5. **Beantworte Fragen** der anderen Kinder.

1 Lies die Sprechblasen der Buchvorstellung in der richtigen Reihenfolge.

Ich lese euch den Anfang vor, weil man da schon erkennt, wie lustig Tara erzählt: „Ich heiße Tara und bin acht Jahre alt. Das finde ich ein gutes Alter, weil man nicht mehr so klein ist wie die Kindergarten-Babys und die Erste-Klasse-Zwerge, aber erwachsen ist man zum Glück auch noch nicht. Sowieso finde ich, ich habe es schön: Eigentlich finde ich sogar, bei uns haben wir es am schönsten auf der Welt …“

Mein Lieblingsbuch „Wir Kinder aus dem Möwenweg“ ist von Kirsten Boie. Ich mag es sehr gerne, weil es so lustig ist und die Kinder so sind wie wir.

In dem Buch geht es um acht Kinder, die alle nebeneinander in 6 Reihenhäusern im Möwenweg wohnen. Tara ist acht Jahre alt und berichtet, wie es war, als alle neu eingezogen und dann zu Freunden geworden sind. Seither hat die Bande viel zusammen erlebt, eigentlich ganz normale, aber auch sehr lustige Sachen wie Ausflüge, einen Eisverkauf am Gartenzaun, eine Verbrecherjagd und viele Feste. Und zum Glück sind fast alle Leute in ihrer Straße richtig nett. Nur mit Voisins, die keine Kinder haben, gibt es manchmal Ärger …

Wollt ihr noch etwas wissen?

7 Ein Lieblingsbuch vorstellen

Wenn du ein **Lieblingsbuch** vorstellen willst, kannst du alle Infos auf einzelnen **Karteikarten** oder auf einer **Klappkarte** aufschreiben.

1. Betrachte und lies die folgende Klappkarte.

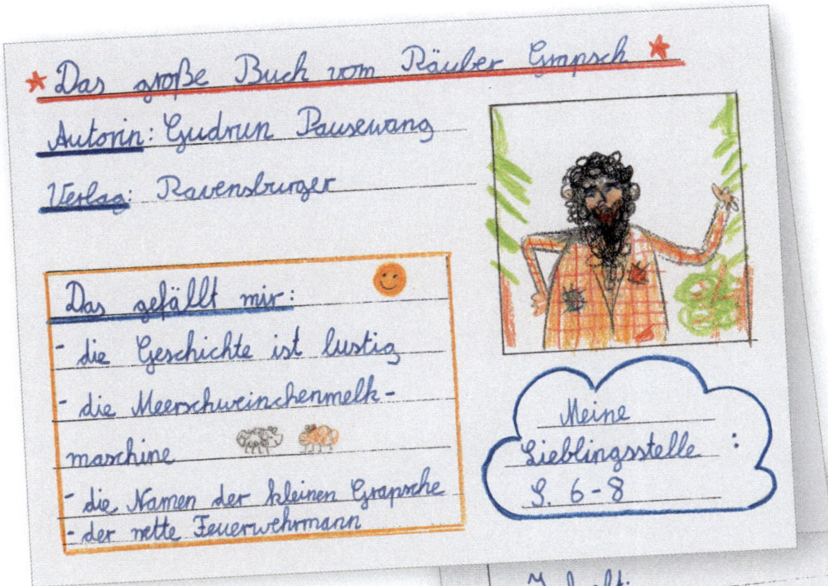

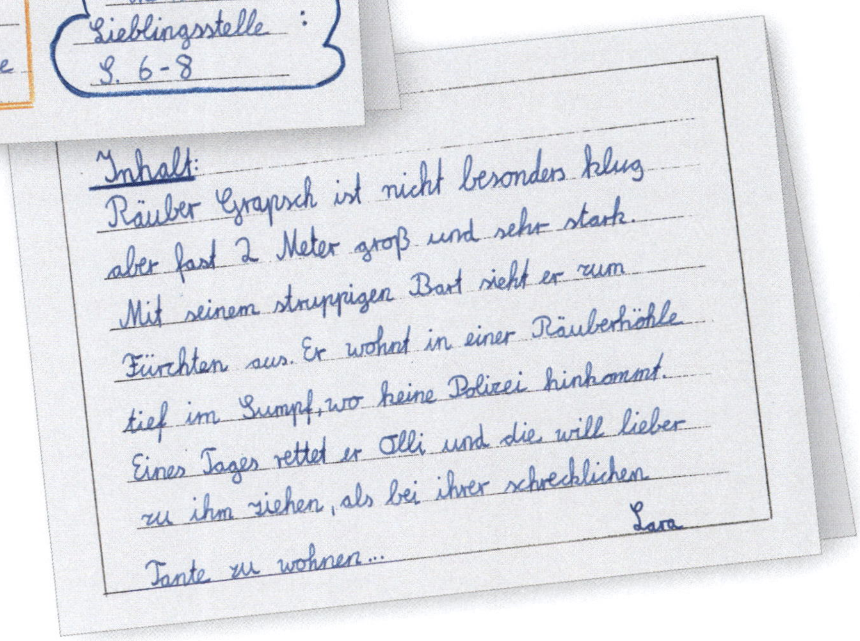

2. Gestalte eine Klappkarte zu deinem Lieblingsbuch. Stelle das Buch dann vor.

3.

7 Ein Lesetagebuch führen

In einem **Lesetagebuch** sammelst du **ganz verschiedene Arbeitsergebnisse** zu einem Buch, das du gerade liest.

Du kannst:
- ein Titelblatt selbst malen,
- die wichtigsten Informationen zum Buch und zum Autor/zur Autorin aufschreiben,
- ein Inhaltsverzeichnis anlegen,
- zu jedem Kapitel ein Bild malen, ein Foto machen oder die wichtigsten Stichwörter und Sätze aufschreiben,
- einen Steckbrief verfassen,
- aufschreiben, was eine Figur (Person) denkt und fühlt,
- einen Brief an die Hauptfigur schreiben,
- einen Zeitungsartikel schreiben,
- eine Tagebuchseite für eine Hauptfigur erfinden,
- dir ein Interview mit einer Hauptfigur ausdenken,
- einen Teil als Comic zeichnen,
- Landkarten oder Lagepläne zeichnen,
- Porträts von Figuren malen,
- und, und, und …

A

B
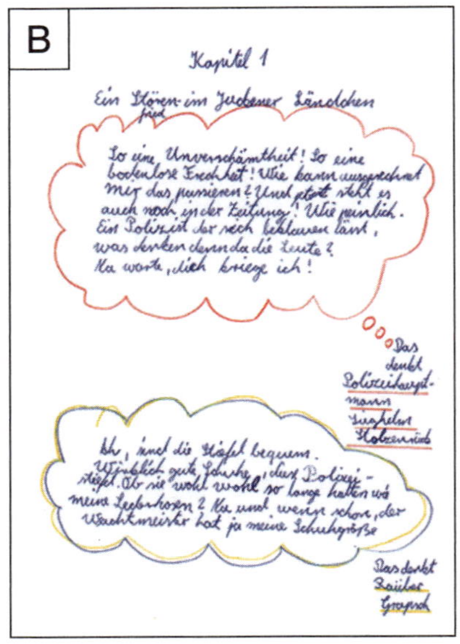

C
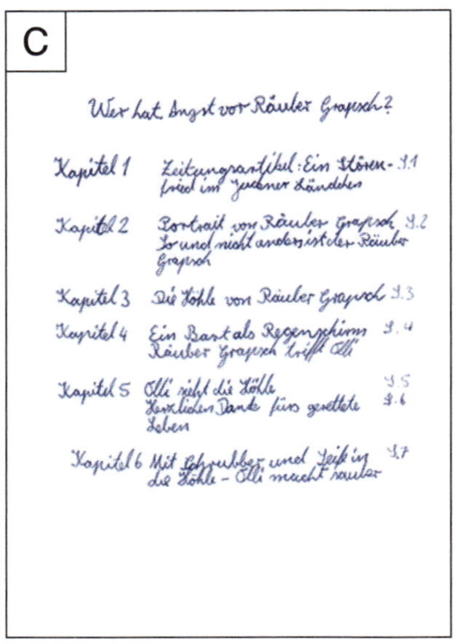

D

1. Überlege, welche der Vorschläge auf den Abbildungen zu sehen sind.

2. Wähle eine Anregung und bearbeite sie zu einem Buch, das du gerade liest.

→ AH Seite 55

7 Über das eigene Lernen nachdenken

Stelle deine Lernraupe fertig.
Suche dir jemanden aus,
mit dem du deine Lernraupe
besprechen willst.

Ende:

… mich in einer Bücherei orientieren.

… Klappentexte Büchern zuordnen.

… ein Kinderbuch kennenlernen.

… eine Kinderbuchautorin kennenlernen.

… eine Buchvorstellung vorbereiten.

… eine spannende Stelle lesen.

… ein Lieblingsbuch vorstellen.

… ein Lesetagebuch führen.

Ich würde mir gerne eine eigene Seite ausdenken: …

Was wünschst du dir für dein Lernen?

Wenn ich Lola wäre, würde ich folgenden Tipp geben: …

8 Merkmale von Gedichten kennenlernen

Gedichte sind oft in **Strophen** aufgeteilt.
Die einzelnen Zeilen nennt man **Verse.**

Strophe	**Vers**	Blumen, die eine Wiese <u>bedecken</u>,	**Reim**
	Vers	und nach dem Regen die <u>Schnecken</u>.	

Manchmal **reimen** sich Gedichte.

1 Lies die beiden Gedichte von Max Bolliger.
Überlege, welches dir besser gefällt.

Was man nicht zählen kann

Die Wassertropfen
und die weißen Flocken.

Blumen, die eine Wiese bedecken,
und nach dem Regen die Schnecken.

In den Bäumen die Spatzen
und in Rom die Katzen.

Sterne, die vom Himmel fallen,
und im Meer die Muscheln und Korallen.

Max Bolliger

Worüber wir staunen

Dass die Welt hinter den Bergen
nicht zu Ende ist,
dass, was dir im Spiegel begegnet,
du selber bist.
Dass die Erde rund ist und sich dreht
und dass der Mond,
auch wenn es regnet, am Himmel steht.
Dass die Sonne,
die jetzt bei uns sinkt,
anderen Kindern
Guten Morgen winkt.

Max Bolliger

2 Untersuche die beiden Gedichte.

a) Wie heißen die Überschriften?

b) Wie heißt der Autor?

c) Wie viele Strophen haben die Gedichte?

d) Wie viele Verse haben sie?

Heft 4, S. 58 ②
a) Die beiden Überschriften heißen:
…

3 Schreibe die Reimwortpaare
der beiden Gedichte heraus.

Heft 4, S. 58 ③
1. Was man nicht zählen kann
bedecken – Schnecken,
…

→ AH Seite 62

8 Ein Gedicht verstehen

1 Die Teile des Gedichts stehen in der falschen Reihenfolge. Lies das Gedicht in der richtigen Reihenfolge vor. Die Bilder helfen dir dabei.

Die Amsel hat das Nest erbaut;
dort sitzt sie nun und zwitschert laut.

Aus Mitleid hat sie es verschont
und wurde dafür reich belohnt.

Das Samenkorn

Jetzt ist es schon ein hoher Baum
und trägt ein Nest aus weichem Flaum.

Das Korn, das auf der Erde lag,
das wuchs und wuchs von Tag zu Tag.

Joachim Ringelnatz

Ein Samenkorn lag auf dem Rücken,
die Amsel wollte es zerpicken.

2 Schreibe das Gedicht richtig auf.
Du kannst es auch am Computer gestalten.

Heft 4, S. 59 ②
Das Samenkorn
Ein Samenkorn ...

3 Zeichne das fehlende Bild.

→ AH Seite 63

8 Ein Gedicht auswendig lernen

1 Lies das Gedicht mehrmals genau.

Die Schnecke im Winter

Naht der Winter,
geh ich ins Haus,
mache die Türe zu,
Winter, bleib drauß.

Zu ist die Türe.
Komme, wer will:
Ich bin zu sprechen
erst im April.

Josef Guggenmos

2 Decke das Gedicht oben ab.

a) Lies das Gedicht im blauen Kasten. Ergänze die fehlenden Wörter.
Decke den blauen Kasten ab.

b) Lies das Gedicht im roten Kasten. Ergänze die fehlenden Wörter.
Decke den roten Kasten ab.

c) Lies das Gedicht im grünen Kasten. Ergänze die fehlenden Wörter.

d) Versuche nun, das Gedicht auswendig zu sprechen.

Die ___ im Winter

Naht der Winter,
geh ich ins ___,
mache die ___ zu,
___, bleib drauß.

Zu ist die ___.
___, wer will:
Ich bin zu ___
erst im ___.

___ ___ im Winter

Naht der ___,
geh ___ ___,
mache ___ ___ zu,
___, bleib ___.

Zu ist ___ ___.
___ ___ will:
Ich bin ___ ___
erst ___ ___.

___ ___ Winter

Naht ___ ___,
___ ___,
___ ___ zu,
___, bleib ___.

Zu ___ ___.
___ ___ will:
Ich ___ ___
___ ___.

8 Zu einem Gedicht schreiben

1 Lies das Gedicht.

2 Schließe die Augen.
Stell dir vor, du wärst eine Wolke.
Schreibe auf, wohin du fliegen würdest
und was du sehen könntest.

Heft 4, S. 61 ②+③
Wenn ich eine Wolke wäre, würde ich …

3 Gestalte deinen Text mit passenden Bildern oder Wörtern.

8 Ein Gedicht vortragen und vertonen

1 Lies das Gedicht leise.

2 Suche dir ein Partnerkind.
Lies das Gedicht nun ausdrucksvoll vor, indem du an den Stellen schneller und lauter liest, an denen das Gewitter tobt.
Mache sinnvolle Pausen bei //.

3 Suche dir zwei Partnerkinder.
Überlegt:
- Wie klingt der Donner?
- Wie klingt der Regen?
- Mit welchem Geräusch kann der Blitz hörbar gemacht werden?

4 Überlege mit deinen Partnerkindern, wer welchen Teil des Gedichts spricht.
Übt die passenden Geräusche.
Tragt das Gedicht gemeinsam vor.

Gewitter

Der Himmel ist blau
Der Himmel wird grau //
Wind fegt herbei
Vogelgeschrei //
Wolken fast schwarz
Lauf, weiße Katz! //
Blitz durch die Stille
Donnergebrülle //
Zwei Tropfen im Staub
Dann Prasseln auf Laub //
Regenwand
Verschwommenes Land //
Blitze tollen
Donner rollen
Es plitschert und platscht
Es trommelt und klatscht
Es rauscht und klopft
Es braust und klopft //
Eine Stunde lang
Herrlich bang //
Dann Donner schon fern
Kaum noch zu hör'n //
Regen ganz fein
Luft frisch und rein //
Himmel noch grau
Himmel bald blau!

Erwin Moser

8 Über das eigene Lernen nachdenken

Stelle deine Lernraupe fertig.
Suche dir jemanden aus,
mit dem du deine Lernraupe
besprechen willst.

Ende:

… Merkmale von Gedichten kennenlernen.

… ein Gedicht verstehen.

… ein Gedicht auswendig lernen.

… zu einem Gedicht schreiben.

… ein Gedicht vortragen und vertonen.

Einsterns Schwester 3

Themenheft 4
Lesen – mit Texten und weiteren Medien umgehen

Herausgegeben von: Roland Bauer, Jutta Maurach

Erarbeitet von: Wiebke Gerstenmaier, Sonja Grimm

Begutachtung: Katrin und Peter Bertram (Mühlenbeck), Angelika Fischer (Weiterstadt), Claudia Hoeschen (Kappeln), Ines Kewitz (Rastatt), Sybille Maier-Alvarez del Cid (Achern), Julia Schäfer (Gießen)

Redaktion: Martina Schramm, Mirjam Löwen

Illustration: Yo Rühmer, Frankfurt am Main

Umschlaggestaltung: Cornelia Gründer, agentur corngreen, Leipzig

Layout und technische Umsetzung: lernsatz.de

www.cornelsen.de

Aus didaktischen Gründen wurden Texte gekürzt/bearbeitet.

1. Auflage,5. Druck 2021

Alle Drucke dieser Auflage sind inhaltlich unverändert
und können im Unterricht nebeneinander verwendet werden.

ISBN 978-3-06-083571-3 (Themenheft Leihmaterial)
ISBN 978-3-06-084244-5 (E-Book Einsterns Schwester 3 Leihmaterial)

Dieses Heft ist Bestandteil des Pakets „Einsterns Schwester 3“ (ISBN 978-3-06-083567-6) und kann auch einzeln bestellt werden.

Inhalt gedruckt auf säurefreiem Papier aus nachhaltiger Forstwirtschaft.